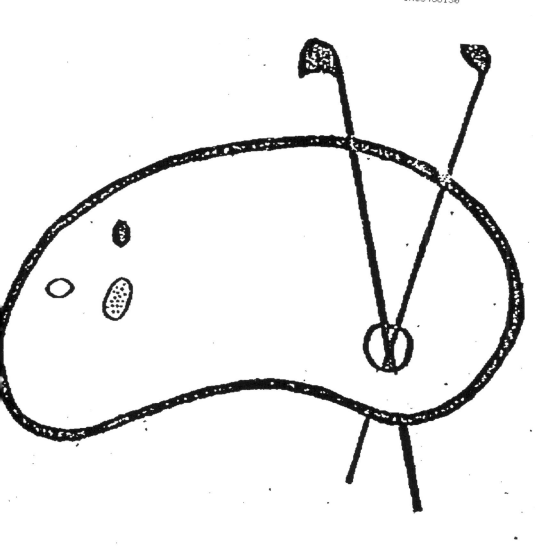

DEBUT D'UNE SERIE DE DOCUMENTS
EN COULEUR

HISTOIRE
DE SACEY

Par l'abbé SOISMIER

Ancien Curé de cette Paroisse.

———— ⚬⚬⚬ ————

SAINT-LO

IMPRIMERIE ALFRED JACQUELINE

23, RUE DES IMAGES, 23

—

1897

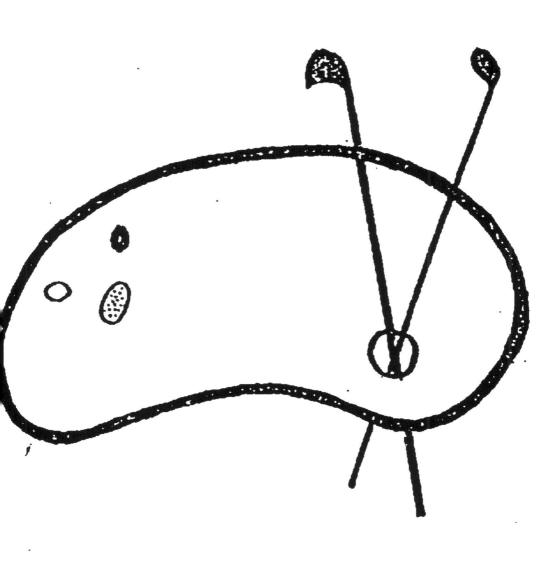

FIN D'UNE SERIE DE DOCUMENTS
EN COULEUR

HISTOIRE DE SACEY

HISTOIRE

DE SACEY

Par l'abbé SOISMIER

Ancien Curé de cette Paroisse.

SAINT-LO

IMPRIMERIE ALFRED JACQUELINE

23, RUE DES IMAGES, 23

—

1897

PRÉFACE

Ce qui suit, malgré son titre prétentieux, n'est pas une histoire proprement dite, mais seulement un ensemble de notes tirées d'auteurs qui ont parlé de SACEY. Ce n'est pas l'œuvre d'un érudit, mais celle d'un amateur. Ceux qui ont fait un pareil travail savent combien il est difficile, impossible même, d'éviter l'erreur. Souvent on n'a pour garant qu'un seul auteur qu'on ne peut contrôler. S'ils sont plusieurs, ils ne s'accordent pas, comme il arrive pour MM. Desroches et Lehéricher, qui sont cependant parmi nos principaux guides.

Souvent, les chartes sont défigurées, les noms propres estropiés, les armoiries fausses ou incomplètes. Les savants ne pouvant deviner, n'osent choisir, craignant de se compromettre. Pour moi qui, en fait de réputation, n'ai rien à perdre ni à espérer, je me suis montré moins scrupuleux. J'admire les savants qui prennent plaisir à pâlir sur des textes ; qui sont ravis de joie à la découverte d'un lambeau de charte, qui s'arrêtent désolés devant une lacune ; pour moi, j'avoue que ces émotions ne m'ont jamais agité que faiblement.

Malgré cette absence de feu sacré et mon inexpérience, j'ai cru pouvoir pourtant profiter de mes loisirs pour mettre en ordre quelques-unes des notes que j'ai recueillies sur Saccy. N'ayant eu l'idée de ce travail que trop tard et ne pouvant compter sur le temps, je ne m'amuserai pas, on doit le concevoir, à l'ajuster et à le polir.

Contrairement à beaucoup de parents et peut-être à quelques auteurs, je n'ai pas une tendresse exagérée pour ma progéniture, je permets volontiers à ceux qui la trouveront en défaut, de la corriger. Cependant, à ceux qui pourraient abuser de la permission, je dirai, d'après Saint-Augustin, de prendre garde qu'en voulant être plus savants, ils n'arrivent qu'à être plus présomptueux. Quant au plaisir qu'on pourra trouver en constatant mes défauts, je le regarderai comme compensé par celui que j'ai trouvé moi-même en lisant des auteurs même renommés.

Cette histoire sera dégagée de réflexions, de

digressions, de notes, d'indication des sources
dont il est fait, à mon humble avis, un grand
abus. Enfin, pour me faire mieux pardonner
cette fantaisie de vieillard, je ne mettrai pas ce
travail dans le commerce, je le donnerai pour
rien. Par là, j'espère que plusieurs lecteurs
trouveront peut-être qu'il est coté un peu au-
dessous de sa valeur.

Sur ce, cher lecteur :

Mitto tibi navem puppi proràque carentem.

INTRODUCTION

Nous croyons pouvoir donner, comme introduction, un travail lu par nous à la Société d'Archéologie.

On s'accorde à faire remonter les premières expéditions maritimes des hommes du Nord vers le premier siècle de notre ère. Ces peuples, dans leurs émigrations, ne suivaient pas seulement l'esprit d'aventure, le goût de la piraterie, le plaisir d'un climat plus doux, d'un pays plus riche ; ils obéissaient encore à des lois. Olaüs raconte qu'en vertu d'une ancienne loi, les pères ne gardaient auprès d'eux que leurs héritiers et chassaient leurs autres enfants, afin qu'ils allassent conquérir ailleurs le sol qui leur manquait ; et l'abbé Odon nous dit que l'usage condamnait à un exil perpétuel ceux que le sort désignait, et que le sort était consulté tous les cinq ans.

La mer était la voie naturelle de leurs expéditions, et les côtes de l'Océan Atlantique leur but principal. Leurs vaisseaux, ou plutôt leurs barques, étaient propres à suivre les côtes, à pénétrer dans les fleuves et même dans les rivières. Dès les premiers siècles, ils portaient le nom de Saxons et étaient regardés comme venant de l'embouchure de l'Elbe.

Les incursions de ces peuples devaient être nombreuses et redoutables, puisqu'elles sont regardées comme ayant donné lieu à un commandement particulier appelé *tractus armoricanus*, comprenant les ports et les rivières qui touchent l'Océan.

D'après la notice de l'Empire, nous apprenons qu'un tribun militaire et une cohorte étaient chargés de garder cette côte ; et nous y voyons les stations de Nantes, Guérande, station principale, Vannes, Quimper, Aletum ou Saint-Malo, Avranches, Coutances, Rouen.

Une partie de cette côte s'appelait *Littus Saxonicum*, à cause, disent les historiens, des invasions des Saxons et de leurs établissements souvent tolérés. Cette côte, dont on ne connaît pas au juste l'étendue, embrassait au moins la seconde Lugdunaise (Avranches, Rouen) dont nous faisons partie.

Sidoine Appollinaire, les distinguant des autres barbares, les appelle Saxons, et en parle longuement. Il nous les montre très habiles dans la navigation, arrivant à l'improviste; écrasant ceux qu'ils surprenaient; atteignant ceux qu'ils poursuivaient; disparaissant si on leur résistait, et regardant comme une faveur la tempête qui couvrait leurs projets.

D'autres nous les montrent pénétrant dans les fleuves et les rivières, choisissant des lieux propres et s'y fortifiant, afin d'en faire le centre de leurs déprédations et un lieu de ralliement. Quelquefois ils s'y établissaient à demeure et, cessant leurs pirateries, ils entraient dans la vie commune des peuples qu'ils avaient pillés d'abord, et faisaient des établissements où nous retrouvons facilement des mots sortis de leur langue. Nous voyons qu'après la défaite d'Odoacre, près d'Angers, par Childéric et les troupes de la Confédération armoricaine on laissa ces colonies tranquilles, comme on le voit en particulier pour celles des environs de Bayeux.

Tenant compte de tout ce que nous venons de dire, nous pouvons, il nous semble avec beaucoup de raison, trouver la présence des Saxons dans un lieu où la position et l'étymologie des divisions principales portent le cachet d'une origine saxonne.

1. — *Position*. — M. Tanguy, maire de Pontorson, après des études et des fouilles sérieuses

disait, en s'adressant à la Société d'Archéologie :
Lorsque la mer baignait périodiquement toutes les
parties basses qui sont situées, à l'Ouest, jusqu'au
village de Villecherel, et vers le Sud, non loin de la
ville d'Antrain ; Pontorson se trouvait au Nord des
grèves. Ce fait ressort de la nature du sol qui est
composé de tangue pareille à celle de la baie. Ce
n'est qu'après l'érection des digues de Bretagne,
vers 1024, que Pontorson s'est trouvé à quelque
distance des rivages, et que les terrains dont il
s'agit ont pu, au moins en partie, être soumis à la
culture. Encore maintenant, dit-il, lorsque la mer
est poussée par un vent impétueux, elle surmonte
les rives du *Couesnon* de plus d'un mètre, inonde
une grande étendue de terrain et la marée se fait
sentir jusqu'auprès de la ville d'Antrain.

Vers le centre de ce vaste estuaire, près de l'embouchure du dernier affluent sérieux du *Couesnon*,
se trouve une position admirable pour un lieu de
ralliement et de retranchement. Là se trouve une
portion de terrain entourée de trois côtés par des
rivières et d'un autre côté par deux collines. Si nous
nous plaçons sur la croupe la plus élevée, nous
voyons devant nous une plaine sensiblement carrée
de deux kilomètres à peu près, et dans cette plaine
nous voyons trois groupes principaux : à droite, les
Teillés ; à gauche, la Fressinière ; en face, le Gué-

Ferrier auquel on peut rattacher le Poulet ; or, tout cela est Saxon, sans donner aucune entorse aux mots.

II. — *Etymologie.* — Theil est regardé par tous comme saxon et veut dire part, portion, lot de terrain. Fress ou Fressinn veut dire pâture. Ainsi, à droite, terrain plus haut en culture; à gauche, terrain plus bas en pâture; en face, à l'embouchure de la *Dierge*, terrain marécageux, le Poulet de pool, saxon, marais; puis à côté le Gué-Ferrier, or en saxon Fähre (fère) veut dire bac, bateau; Fähremann veut dire batelier, passeur. Ce gué se trouve à l'extrémité du chemin qui, venant de la Croix-Avranchin, traverse Vessey et Sacey, passe entre les deux croupes de Charruel et se dirige sur la Bretagne. On l'a toujours passé en bateau, comme on le fait encore maintenant.

Quant à Charruel, nous avons à rechercher les mots les plus anciens : nous avons trouvé Carroc, Carruca ou Caruca et même Carrouges ; tous ces mots latinisés ont été ramenés à la prononciation saxonne dans Charruel. Or Schar veut dire foule, réunion, ralliement; Scharhoch, ralliement sur une hauteur ; Scharhugel, ralliement sur une colline ou colline du ralliement.

En voyant ce lieu, tout le monde trouverait là un

lieu propre à un ralliement ou à un retranchement ; assez près de la mer pour y faire retraite, assez loin dans les terres pour étendre le cercle de leurs déprédations ; placé entre deux provinces, la seconde et la troisième Lugdunaises, de sorte que poursuivis sur l'une, ils pouvaient se retirer sur l'autre ; relié à l'estuaire du *Couesnon* par un chemin court et direct et par un estuaire secondaire permettant à des barques légères un accès jusqu'au pied de la colline ; enfin un lieu renfermant toutes les conditions demandées par les Saxons.

Si maintenant nous nous tournons vers l'Est, nous voyons un demi cercle de collines, tenant à la *Dierge* par Charruel, allant au Nord, puis à l'Est et rejoignant la *Dierge* un peu plus haut et dans cette anse dont se rapproche la *Dierge* par une courbe légère, comme pour venir baigner les pieds d'une bourgade cachée dans ce pli de terrain, se trouve encore évidente la trace d'une origine saxonne. C'est le bourg de Saxé, car Sacey n'est qu'un adoucissement qui se trouve surtout dans les livres ; le premier se trouve souvent dans les manuscrits et dans les actes émanant du château. Nous pourrions dire que les mots les plus rudes sont les plus près de l'origine ; nous pourrions dire aussi que nous sommes aussi près de l'original que le Saon et le Saonnet des environs de Bayeux.

Dans tout cela, nous ne voyons pas seulement quelques traits isolés, mais un véritable faisceau difficile à rompre. Que le lecteur cependant ne croie pas que nous nous fassions trop d'illusion.

Quoiqu'il en soit de ces conjectures, nous sentons le besoin de mettre le pied sur un terrain plus solide.

PREMIÈRE PARTIE

HISTOIRE CIVILE

CHAPITRE PREMIER

SEIGNEURS DE SACEY

I. — LES DE SACEY

Nous regardons comme à peu près certain que les de Sacey furent seigneurs de cette paroisse, et cependant nous n'avons pas de documents suffisants pour l'affirmer d'une manière absolue. La première mention de cette famille se trouve dans Wace qui place un de Sacie parmi les seigneurs qui accompagnèrent Guillaume-le-Conquérant à la conquête de l'Angleterre en 1066.

Vers 1135 nous lisons : Moi Richard, donne à l'église du Mont-Saint-Michel quatre acres de terre de mon fief que je tenais par droit héréditaire de Michel de Sacey et de son fils, en Boucey. Nous ne voyons plus dans les siècles suivants soit en France, soit en Angleterre, que des de Sacey isolés et sans titre. Vers la fin du xiiᵉ siècle nous voyons dans les rôles de l'Echiquier Guillaume, Roger, Evanus de Sacey condamnés à différentes amendes. Richard de Sacey, moine de Savigny, est témoin, vers l'an 1200, dans une charte de Fraslin Malemains. Enfin le dernier que nous trouvons est Geffroy de Sacey partant pour la guerre d'Espagne en 1365 à la suite de Duguesclin.

La seigneurie supposée aux de Sacey en 1066 était passée aux de Saint-Hilaire, en 1090, où Harscutus de Saint-Hilaire agit comme seigneur de Sacey. Sa femme Mathilde, faisant au prieuré des libéralités avec ses biens en Sacey, nous ferait presque supposer que, par son mariage, elle aurait passé aux de Saint-Hilaire la seigneurie de Sacey, tombée en quenouille entre ses mains

II. — LES DE SAINT-HILAIRE

Il nous est difficile de suivre l'ordre de succession des de Saint-Hilaire. A la fin du xiᵉ siècle nous trouvons Harscutus, au commencement du xiiᵉ, un Harcoitus, au milieu un Pierre qui semble le plus remarquable; ensuite un Hascutus qui semble être

mort vers 1180, car les biens de sa fille Jeanne
étaient, à cette époque, entre les mains du roi, à
cause de sa minorité. En 1198 Jeanne était mariée
à Fraslin Malemains et lui avait apporté en dot la
seigneurie de Sacey.

Nous ne connaissons pas les armes des de Sacey
ni des de Saint-Hilaire.

III. — LES DE MALEMAINS

Nous avons vu le nom des membres de cette
famille écrit de cinq à six manières. Il nous semble
que le nom de Malemain serait indiqué par les
armoiries, qui ne nous donnent que la main gauche.
Mais comme le latin est de *malis manibus* nous
adopterons Malemains, que nous avons trouvé plus
souvent que Malesmains. Malmains nous semble
moderne. Les Malemains semblent être venus du
diocèse de Bayeux. On les voit souvent dans les
chartes de l'abbaye de Mondaie, soit comme donateurs, soit comme témoins. Ils semblent être allés à
la conquête de l'Angleterre, car nous voyons Jean
sans Terre confisquer dans ce royaume les biens
de Guillaume et de Roger Malemains, qui s'étaient
sans doute soumis à Philippe Auguste.

Il est difficile de donner une liste bien suivie et

bien authentique des Malemains, qui furent seigneurs de Sacey, pendant près de deux siècles.

Nous voyons, en 1198, Fraslin Malemains et Jeanne de Saint-Hilaire. En 1210 nous le retrouvons dans le livre des fiefs de Philippe Auguste et peut-être le même, en 1225 et 1245.

On lui donne pour fils Gilbert Malemains que nous trouvons, en 1251 et 1271. Hugues Le Brun, comte de la Marche et d'Angoulême, donna à Gilbert Malemains, son cousin, en 1284, le droit de chauffage et l'entretien des ponts et moulins de Sacey, dans la forêt de Villequartier, de la baronnie de Fougères. On donne pour frère à Gilbert, Foulques Malemains, qui reçut d'Yolande de Fougères la seigneurie de Sens, non loin de Fougères d'où Jeanne, sa fille, mère de Duguesclin, était appelée dame de Sens et non dame de Sacey, comme on l'a dit à tort. Duguesclin descendait donc des Malemains par sa mère.

Gilbert eut pour fils Fraslin II et Gilbert de Marigny, dont nous parlerons plus tard. Fraslin II eut pour fils Gilbert, sur lequel nous lisons : en 1333, émolument de la garde à l'oir, Gilbert jadis seigneur de Sacey, Vessey, Montanel, Carnet. Ce qui fait penser que ses deux enfants, Fraslin III et Agnès étaient mineurs. Fraslin III que nous trouvons en 1339, 1346 et 1350, mourut sans enfants, ainsi qu'Agnès, sa sœur ; alors la seigneurie passa de la ligne directe à la ligne collatérale.

Gilbert de Marigny, que nous avons vu précédemment, ou peut-être son fils, qui vivait du temps de Fraslin III, fut son successeur ou celui d'Agnès.

Nous croyons pouvoir lui appliquer un fait qui correspond à cette date. Nous donnerons en français un fragment de chronique que M. Desroches donne en latin.

« Un jour à Saint-Hilaire, dans une noce, Gilbert Malemains et Fraslin Gaudon, avaient passé la journée à s'amuser. Le soir étant venu, le dit Gilbert se retira avec son beau-frère chez celui-ci, pour y demeurer, comme cela se passe entre amis. Comme le dit Gilbert voulait aller se coucher, le diable les poussant, ils se mirent à s'injurier et comme Fraslin voulait frapper Gilbert et le mettre honteusement à la porte, celui-ci excité par la chaleur des paroles et la fureur, tira son couteau et frappa Fraslin, qui mourut par suite de cette blessure. Le dit Gilbert nous a supplié de lui remettre son crime ayant fait la paix avec les fils de Fraslin, ses neveux.

« A Paris,   juin 1355. »

Le dit Gilbert dut faire pénitence d'un tel crime, or les pénitences pour ceux de sa sorte étaient souvent, à cette époque, un pélerinage en terre sainte et des donations aux églises et aux monastères. Par là s'expliqueraient le voyage en Palestine et les donations, dont parle un manuscrit que nous suivrons souvent dans la suite. Ce manuscrit, fait par une dame qui avait fréquenté le château du temps des de Molac demande à être suivi avec précaution, nous en signalerons quelques erreurs.

Le plus loin que remonte cette dame est à ce Gilbert que nous avons vu hériter de la branche directe.

Ce Gilbert, dit le manuscrit, étant allé en terre sainte avec Hugues le Brun, comte de Fougères et d'Angoulême, fut pris d'une si grande envie de s'en revenir à son château de Sacey que, dans le désespoir où il était d'en être éloigné, il eut tout donné pour y être transporté. Il se présenta un homme rouge de mine qui, lui ayant demandé le sujet de son inquiétude, Gilbert le lui dit. L'autre lui proposa de le ramener chez lui, dans les vingt-quatre heures, pourvu qu'il lui donnât la première chose qu'il verrait sur le pont du château. Ce qu'il promit, et en effet, le lendemain, à la même heure, il se trouva près du moulin de la porte. Alors il siffla ses chiens pensant duper le démon. Mais sa fille fut la première chose qu'il vit sur le pont. Il se jeta le visage contre terre et pleura amèrement, d'autant plus que ce même homme parut à ses côtés (d'autres copies parlent d'un grand combat et diffèrent dans quelques détails). Sa prière fut si fervente qu'il lui sembla entendre ces mots : Tourne le pommeau de ton épée (en forme de croix) et ta fille sera sauvée. Il le fit, et cet homme rouge s'enfuit avec un bruit si épouvantable que l'on crut qu'il emportait le château. En mémoire de cette histoire ou fable, les descendants de Gilbert avaient fait mettre, sur la maison, un homme de plomb, avec les armes des Malemains et une épée dont il tournait le pommeau devant un autre homme ; et la dame qui écrit ces mémoires, l'a vu en 1686.

Pour revenir à ce Gilbert, continue le manuscrit, il maria sa fille aînée dans la maison de Montauban-Guéméné, qui eut en partage la terre de Marigny; et la cadette fut mariée dans la maison de Cambray, avec les terres de Sacey. Il donna 2.700 livres de rente, pour la fondation du prieuré, qui actuellement est entre les mains des Bénédictins, pour instruire la jeunesse, dire quatre messes par semaine, pour lui et ses successeurs. Il porta entre les mains des religieux la présentation du bénéfice et de celui d'Aucey, et à l'évêque d'Avranches, le patronage de Saint-Vincent de Vessey. Il craignait de n'en faire jamais assez pour expier la faute qu'il avait faite de s'être laissé surpendre par l'ennemi du genre humain.

Nous relevons ici quelques erreurs du manuscrit, copié trop servilement par beaucoup d'auteurs.

1° Guéméné accolé à Montauban n'est pas exact : ce fut une descendante de Montauban qui porta plus tard dans la maison des Rohan-Guéméné, le marquisat de Marigny.

2° Ce ne fut pas dans la maison de Cambray que fut mariée la cadette, mais dans celle de Combray.

3° Au lieu de pour la fondation, il faut pour une fondation au prieuré, qui existait déjà depuis trois siècles.

Nous ferons remarquer que Gilbert, en donnant son bien propre à Jeanne son aînée, la rendit suzeraine de la seigneurie de Sacey qu'il avait eue par héritage. Ce qui explique pourquoi nous voyons dans la suite, les de Rohan, agir comme suzerains de la seigneurie de Sacey.

Les Malemains portaient : d'or, à trois mains gauches de gueules, 2 et 1.

IV. — LES DE COMBRAY

Nous abandonnons pour un instant le manuscrit qui ne nous dit presque rien des de Combray.

Cette famille apparaît très souvent dans le xiiie et le xive siècles. Nous trouvons Nicolas de Combray, seigneur de Montgautier (Montgothier?), en 1259; Richard, son fils, id., en 1296; Jean, fils de ce dernier, id , en 1318.

Gilbert de Combray ayant épousé Catherine Male-mains, eut pour fils Gilbert qui épousa Jeanne de Moutiers. Gilbert fils du précédent, épousa Jacqueline de Vendôme et leurs enfants furent Foulques, Tanneguy et Marie.

Gilbert paraît être mort vers 1415, car à cette époque les biens de Foulques étaient en garde royale.

Vers 1419, la seigneurie de Sacey fut donnée à Robert Gargane, par le roi d'Angleterre, mais à charge de nourrir les enfants mineurs.

Foulques épousa Jeanne de Saint-Gilles dont il eut une fille qui épousa Thiebaut de Rochefort et mourut sans enfants. Tanneguy épousa Jeanne de Saint-Gilles, nièce de la femme de son frère aîné, dont il eut une fille, nommée Marie. Marie, fille de Gilbert, épousa un Duhomme et mourut sans enfants. De sorte que Marie, fille de Tanneguy, resta seule héritière. Nous ne savons pas l'ordre de ces successions, car tout cela se passait pendant l'occupation anglaise. En 1450, fin de l'occupation, Rolland de Couvran devait être ou allait être seigneur de Sacey, du chef de Marie de Combray, fille de Tanneguy, qu'il avait épousée.

Les de Combray portaient : d'azur, à trois lions d'argent rampants et couronnés, 2 et 1.

Nous croyons ces armes plus vraies que celles du manuscrit qui sont : de gueules, à la fasce potencée d'argent, remplie de sable, accompagnée de trois loups d'or.

V. — LES DE COUVRAN

Nous reprenons le manuscrit.

Cette maison de Couvran était fort illustre. Ils étaient sortis du comté d'Hasbein en Flandre et avaient fait beaucoup de belles et grandes actions avec Bertrand Duguesclin. Rolland était chevalier, maître-d'hôtel du Roi, capitaine général des rachats pendant la guerre de Bretagne.

Gilles de Couvran, son fils, épousa Marguerite de Beauvau, dont la cousine Isabeau a été reine de France. Elle était fille d'Antoine de Beauvau, seigneur de Pressigny, en Anjou, de Montrion et du Chateignier.

Mais son mari n'eut pas lieu d'être content de sa conduite. On a trouvé une enquête qu'il fit faire, au nom de Charles son fils, toutefois, après le décès de la dite Marguerite, par laquelle on voit qu'à la persuasion d'un domestique, appelé Achille de Mon-

diou, elle avait fabriqué une fausse procuration de
son mari, pour avoir la liberté de vendre et
d'aliéner. Il y a apparence qu'elle vendit, puisque
l'on informa que la procuration était fausse. Cet
Achille avait fait tort de 30,000 livres. Il avait
même enlevé les tapisseries où étaient les armes des
Beauvau. On ne sait point la suite du procès. Gilles
de Couvran était malade, au lit, au château du
Chateignier, près d'Angers. Il avait fait en 1479
l'acquisition des terres de Boucey et d'Argouges et
fondé la chapelle du château en 1495.

En 1483, Gilles de Couvran fit à Amboise, hom-
mage des fiefs de Saxé, Argouges, Bouxé, Joué,
Louvrepaire et Saint-Hilaire, tenu d'Avranches, de
la baronnie de Saxé et du fief d'Anneville, tenu de
Valognes.

Charles, son fils, épousa Françoise Busson, fille
de Busson et de Jeanne de Servigny, laquelle était
fille de Jacquette de Montmorency. Il mourut en
1550.

Gilles, son fils, épousa Françoise d'Acigné, dame
de la Ballue. Il n'en eut point d'enfants. Il dis-
sipa toute sa fortune et ses trois sœurs furent obli-
gées de la retirer par droit de clameur. Il mourut
en 1573.

Ses trois sœurs étaient Françoise, mariée à
Charles de Romilly, seigneur de Romilly et de la

Chainelaie ; Jacqueline, mariée dans la maison de la Chapelle et Marguerite, dans celle de Folligny.

Françoise eut Sacey. Nous ferons ici une grave remarque. A la mort de Gilles, son frère, Françoise était morte depuis trente ans. Sa fille, née peu de temps avant la mort de sa mère, avait trente-cinq ans ; en 1580, où elle devenait veuve. Il y aurait donc là une fiction, d'ailleurs assez commune, Françoise serait venue à la succession de son frère, représentée par sa fille, son unique héritière.

Il s'ensuit également qu'un de Romilly ne fut qu'un instant mari d'une simple fille d'un seigneur de Sacey et que sa fille ne fut seigneur de Sacey, que trente ans après sa naissance et lorsqu'elle était déjà mariée depuis quatorze ans. Nous ne croyons donc pas devoir nommer les de Romilly, parmi les seigneurs de Sacey.

Les de Couvran portaient : d'or à sept macles d'azur (aill. de sable), 3 1 3.

Béatrix, comme de Romilly, portait : d'azur à deux léopards armés, lampassés et couronnés de gueules.

Jacqueline et Marguerite moururent sans enfants.

VI. — Les Budes

La Famille des Budes était de Bretagne et proche parente des Duguesclin. Jacques de Budes, seigneur du Hirel, avait épousé, en 1561, Béatrix de Romilly, fille de Charles et de Françoise de Couvran. Jacques Budes était un homme d'un mérite et d'un savoir qui n'était pas ordinaire pour son siècle. Henri II, qui venait d'instituer le Parlement de Bretagne, le choisit pour procureur général. Il remplit cette charge dignement, jusqu'en 1580, qu'il mourut.

Il laissa sa veuve avec six garçons et quatre filles : 1° François, sieur du Hirel; 2° Charles, dont nous parlerons plus tard; 3° Réné, sieur de Boucey; 4° Jean, sieur de la Courbe, lieutenant général des armées du roi, et gouverneur de Vendôme, mort comme René, sans enfants; 5° Christophe, sieur du Plessis-au-Noir, dont la branche est éteinte; 6° Julien, sieur de Blanchelande, qui a laissé postérité (maintenant les de Guébriant, de Bretagne).

Béatrix de Romilly, qui avait tant blâmé sa tante Jacqueline de s'être remariée à un gentilhomme bien au-dessous d'elle, fit la même faute. N'étant âgée que de trente-cinq ans, elle se remaria à Thomas Guiton de Carnet, son vassal, petit cadet de famille. Ce qui fut pour elle la cause de violents chagrins.

Les aînés de ses fils et deux de ses filles, furent accusés d'avoir, à l'aide de l'intendant, fait périr, par une forte étreinte de corps, l'enfant dont elle était enceinte et d'avoir, dans un guet-à-pens, dans le bois de Corbley, rendu leur beau-père impropre à la génération. Ensuite de quoi le cadavre de cet intendant, nommé Durosset, fut trouvé dans la rivière de *Dierge*, cousu dans un sac.

Raoul Guiton, frère de Thomas, se battit à outrance, dans le parc de Jautée, dans un duel à cheval avec François Budes qui le tua. François, peu de jours après, se présenta au château dont on s'empressa de lui fermer la porte; resté dans la cour, il demanda à voir sa mère. Ce qu'apprenant la pauvre dame, elle se fit porter à une des fenêtres de la grande chambre et là, tenant en main un crucifix, la tête en bas, elle lui dit : ces terres que vous avez ensanglantées, et ce châtel où vous m'avez assassinée, sont mon héritage. Je vous en bannis pour toujours, et sachent tous que je vous déshérite et vous maudis. Allez, fuyez la justice humaine, en attendant celle de Dieu. François ne revit plus sa mère. Il passa quelque temps en Italie; et revenu en France, il mourut à vingt-six ans, devant le château de Quilbec, en Bretagne.

Béatrix vécut en parfaite union avec son second mari, qui mourut avant elle, en 1602. Elle vendit un fief dans la paroisse de Carnet qui lui en donnait la présentation. Ces deux personnes croyaient que Gilbert Malemains avait perdu le bon sens, quand il fit sa fondation au prieuré de Sacey, et qu'ainsi ils pouvaient prendre le revenu, ce qu'ils faisaient quelquefois. Aussi a-t-on trouvé des enquêtes contre eux.

En 1603, Béatrix fit un partage de ses biens entre ses enfants : Charles Budes, qui lui succéda, épousa Anne Budes, sa cousine, femme d'un grand mérite, sachant le latin, l'italien et l'espagnol : chose extraordinaire, alors que la plupart des femmes ne savaient pas signer leur nom. Charles était un homme d'esprit, mais violent, qui s'attira par sa vivacité des malheurs qui lui auraient souvent coûté la vie, sans la prudence d'Anne Budes, sa femme. Il eut surtout un long procès criminel, dont il fut envoyé hors d'accusation, mais qui lui causa un grand déplaisir. Il fut député plusieurs fois de la province vers le roi ; il était arbitre dans tous les différents de Bretagne et de Normandie.

Il se battit plusieurs fois en duel. Ici nous releverons une faute grave du manuscrit copiée par presque tous les auteurs. Il prétend que Charles Budes fut tué par Montgommery, à Cormeray, le

jour de carnaval, en 1604. Or, cet homme tué en
1604, devenait en 1603, seigneur de Sacey et mou-
rait en 1619. Ce fut de la Marzelière dont Charles
était second qui fut tué par Montgommery, qui
avait lui-même pour second Guiton le huguenot.

Charles, en mourant en 1619, laissait trois enfants : Rénée Budes, mariée au seigneur de la Coste ;
Yves Budes, marquis de Sacey ; Jean-Baptiste Budes,
comte de Guébriant, qui fut maréchal de France.

Yves était plus beau que le maréchal, avait infi-
niment d'esprit, mais il avait une antipathie contre
son frère, qui datait de son enfance. Dans une en-
trevue, les frères eurent des paroles si violentes,
que leur mère écrivit au marquis de la Coste, son
gendre, de venir mettre la paix entre deux furieux
qui voulaient se poignarder. Ce qu'il fit en emme-
nant le comte de Guébriant, qui se maria à la sœur
du marquis du Bec, et fut le plus grand homme de
guerre de son temps, au témoignage même de
Condé et de Turenne. Il mourut sans enfants en
1643.

Yves fut marié à vingt-quatre ans à Françoise
Bouhier, nièce de Beaumarchais, trésorier de l'é-
pargne, et en grande faveur. On pensait que cela
l'avancerait, étant guide dans la gendarmerie.
Mais Beaumarchais fut disgracié, six mois après, et
le marquis de Sacey se trouva mari d'une bour-

-geoise, avec 80,000 livres et d'une humeur fort extraordinaire.

Yves accompagna le roi contre les hérétiques et se distingua par sa valeur. S'étant rencontré au carrefour, entre Sacey et Vessey, avec François Guiton, seigneur de la Villeberge, qu'il avait offensé deux ans auparavant dans l'église Saint-Martin de Saint-James, ils se prirent de paroles et, quoiqu'ils fussent seuls et sans armes, ils se battirent corps-à-corps. Le seigneur de la Villeberge, alors âgé de vingt ans, et plus vigilant l'ayant terrassé, lui enfonça deux côtes d'un coup de genou : ce dont il mourut à Sacey, le huit janvier 1631.

Sa femme fit élever, sur le lieu du combat, une croix appelée Budes-Teillet ou du Theil. Elle se remaria à un petit gentilhomme du voisinage, dont les enfants ont fort contribué à la ruine des maisons de Sacey et de Molac.

Yves laissa quatre enfants : 1° Anne Budes dite Mademoiselle de Guébriant, fil¹ d'honneur de la reine, qui étant allée en Pologne, avec la Maréchale de Guébriant, sa tante, s'y distingua par son esprit et fut recherchée par les plus hauts partis, mais, ayant voulu revenir en France, elle y mourut peu après son retour ; 2° Renée Budes dont nous parlerons plus tard ; 3° Henri, marquis de Sacey ; 4° Charles, comte de Guébriant, qui, ayant beaucoup d'amour pour l'étude et s'y étant adonné, tomba en démence.

Henri était l'homme de son temps le mieux fait et fort adroit à tous les exercices des armes. Il donna dans les guerres de son temps les preuves d'une valeur singulière. Ayant rencontré pendant les fêtes de carnaval, dans une maison de Rouen, François Guiton, meurtrier de son père, il l'apostropha en jeune homme, le provoqua en duel, et reçut un coup d'épée dont il mourut, à Rouen, en 1655, pour ne s'être pas abstenu de boire pendant le pansement de sa blessure.

Henri n'étant point marié et Charles en démence, il ne resta que Rénée qui sans être belle avait le plus grand air. Il y avait dans sa personne un assemblage de mauvaises qualités et de quelques bonnes. Elle était emportée jusqu'à la fureur, d'une hauteur infinie, puis retombait dans des bassesses qu'elle tenait apparemment de sa mère avare et prodigue.

Lorsque son frère mourut, elle était à Rouen, avec la marquise de Courvandon. Craignant que la dame de Saint-Gilles, sa mère, ne s'emparât de son frère Charles, qui n'était pas si fort en démence, qu'elle n'eût pu l'obliger à signer quelque chose à son avantage, elle en parla au marquis de Courvandon et à ses frères. Ils lui dirent qu'ils feraient

monter à cheval quarante gentilshommes pour
l'aller enlever. Mais avant cela, comme elle devait
se marier au comte de Courvandon, il fallait, lui
dirent-ils, qu'elle tint à sa parole, et qu'ils ne se
mettraient pas au hasard de se faire tuer, pour
qu'un autre en eût la récompense. Elle eût voulu
se dédire, mais elle avait affaire à des Normands
qui ne prennent point le change.

Ainsi, la crainte de n'avoir pas tout le bien de
sa maison, l'obligea à faire une chose qui lui a
coûté tous les malheurs de sa vie. Elle se maria,
dans une chambre haute, avec dispense de l'ar-
chevêque de Paris, pour la publication des bans ;
et, comme elle allait pour faire ce beau coup, sa
femme de chambre se jeta à ses pieds pour l'en
empêcher, mais le marquis de Courvandon lui
donna un si furieux coup de pied, qu'il la jeta du
haut de l'escalier en bas. Cependant la maréchale
de Guébriant, ayant entendu quelque bruit de l'affaire, demanda à la reine un carrosse de Sa Majesté, avec un exempt des gardes et des lettres de
cachet, pour aller quérir Mlle de Sacey, ce qu'on
lui accorda.

De Courvandon était revenu de sa capture et
avait mis le frère en sûreté, mais les ordres de la
Cour étaient si précis qu'on ne voulut jamais la
laisser voir à personne. Elle n'avait pas une pièce

de trente sols, de Courvandon lui jeta dans le carrosse une bourse de cinquante louis, elle la rejeta et, dans l'instant, un fin Normand qui était auprès de lui, l'assura qu'elle ne tiendrait pas le mariage, puisqu'elle refusait l'argent.

En effet, elle ne fut pas sitôt à Paris, qu'elle dénia la chose et qu'elle assura la maréchale qu'il n'y avait rien de moins vrai. Elle la voulut marier au comte de Moret, homme d'une très grosse qualité et d'un mérite à aller à tout. Mais elle n'en voulut point, parce qu'elle ne voulait pas être sous la dépendance de la maréchale : ce qu'elle aurait dû, si elle avait eu l'ambition d'une personne de sa maison. Mais elle ne se plaisait qu'avec des personnes moins qu'elle, pour dominer toujours. Elle reçut à bras ouverts la proposition de M. de Molac, et l'on conclut le mariage au mois de septembre 1655, sans que de Courvandon y mit opposition. Cependant elle craignait qu'on ne troublât ses épousailles. Elle dépensa des sommes énormes pour faire disparaître les traces de son premier mariage ; et, comme elle gouvernait son mari, elle lui fit vendre de très belles terres dont on n'a point su ce que devenait l'argent.

Nous abrégerons le manuscrit qui nous conduirait trop loin.

Après avoir été la maîtresse absolue de son mari,

son humeur impérieuse l'en détacha si fort qu'il s'en éloigna. Un nouveau malheur vint fondre sur eux, le château de Nantes, dont il était gouverneur, fut entièrement brûlé et ils perdirent pour plus de 100,000 écus d'effets. Puis, Monsieur de Molac, ayant rendu, à la prière de Monseigneur de Nantes, une femme arrêtée dans une rebellion, perdit sa place.

Quand il s'agit du mariage de son fils aîné, elle aurait pu trouver des personnes de considération et de grande alliance si elle avait voulu s'arranger dans plusieurs procès, mais elle ne le voulut pas, craignant de n'être plus nécessaire, d'ailleurs elle voulait une bru sur laquelle elle put dominer. Elle s'attacha à la sœur de Mme de Fontanges, maîtresse du roi, qui aurait pu lui procurer une place très avantageuse à la cour. Mais cette dame étant morte, en 1681, le ridicule de Mme de Molac fut de consentir au mariage après cette mort. Il arriva que Mme de Molac fils, qui n'avait que peu d'éducation, se rendit ridicule et, par suite de la mort de sa sœur, se vit abandonnée de tous. Elle ne se trouva pas heureuse du côté de sa belle-mère et comme elle gouvernait son mari, elle l'éloigna de sa mère. Mme de Molac perdit plusieurs procès dont plusieurs contre des sœurs utérines qui lui coûtèrent des sommes énormes, pour n'avoir pas voulu s'arranger à temps.

M. de Molac père, mourut en 1693. Sa femme n'en fut point affligée ; mais elle vit ce qu'il lui avait souvent prédit qu'elle serait malheureuse avec ses enfants. L'aîné commença par se mettre en possession de sa charge, sans vouloir payer 20,000 livres, par an, à M. le duc de Mazarin et que l'on avait acquittées jusque là. Il fit faire des inventaires dans les maisons de son père et même au château de Sacey, quoique sa mère fut séparée de biens. Il en fit ouvrir toutes les armoires pour voir s'il n'y avait point de papiers. Un procédé si violent la toucha vivement, mais elle devait s'y attendre, ayant souvent caché des papiers de son mari. Il ne voulut plus qu'elle fut maîtresse d'aucune affaire.

Elle traîna pendant quinze mois une vie assez misérable, étant obligée pour vivre de demander ses provisions au parlement de Bretagne, qui ne lui donna que mille écus. Il lui prit, à soixante-sept ans, une forte perte de sang qui la mit à l'extrémité. Enfin, dit-on, un pharmacien qu'elle avait menacé de faire pendre, parce qu'il était d'accord avec sa belle-fille, pour supposer un enfant à cette dernière, lui envoya une si forte dose d'opium, qu'elle en mourut. Ainsi mourut Renée de Budes qui, née avec beaucoup de biens et de qualités, trouva le secret de ruiner sa maison et celle de son mari.

Les Budes portaient : d'argent, au pin de sinople

arraché, accosté de deux fleurs de lis de gueules,
attaché de simples vignettes d'or, chargé d'un éper-
vier de même.

VII. — LES DE MOLAC

M. de Molac fils était bien fait, dansait admira-
blement et avait beaucoup de savoir; mais la mau-
vaise compagnie qu'il avait eue, une femme qui
n'avait que ses intérêts propres à ménager, l'avaient
rendu si méprisable que personne n'en faisait cas,
quoique d'ailleurs on convint que c'était un fort bon
homme. Mais il avait le défaut de tous les Molac
qui était de se laisser gouverner.

Sa femme l'empêcha de payer aucun arrérage de
ses dettes, parce qu'elle jouissait de tout le bien
qu'elle mettait sous un autre nom, quoiqu'elle fut
séparée. Elle payait les personnes qui le fréquen-
taient pour lui faire faire des faux contrats; elle
attendait la mort de son mari qui arriva à l'âge
de quarante-deux ans, vers 1700 : car nous voyons
son baptème, en 1658. Il laissa sa succession au
comte de Carcado, du côté paternel et à la comtesse
de Plelo, du côté maternel.

Les armes des de Molac étaient : palé d'argent et
d'azur de six pièces.

VIII. — LA COMTESSE DE PLELO

La comtesse de Plelo était, croyons-nous, la petite
fille de Renée Budes, sœur d'Yves Budes et du maréchal de Guébriant, et mariée au marquis de la
Coste. Cette dame qui n'avait jamais eu de procès
se vit chargée de tous ceux de cette famille, le
comte de Carcado étant au service du roi. Elle prit
la succession sous bénéfice d'inventaire. On ne peut
exprimer toutes les peines qu'elle eut à découvrir
toutes les fourberies de Mme de Molac. Elle la fit
déférer au Grand Conseil, parce qu'elle avait pris
tous les papiers; elle fit déclarer nuls tous ses faux
contrats. Ce n'a pas été sans peine qu'elle a réussi.
A l'intérêt s'ajoutait un esprit de vengeance contre
la dame de Molac, qui avait voulu marier, à soi-
xante-onze ans, M. le marquis de la Coste, père de
la dite dame, à sa nièce, pour ruiner cette maison,
comme elle avait fait de celle des de Molac.

Ici se termine le manuscrit que nous avons suivi,
complété, abrégé, corrigé quand il nous a paru en
défaut. La dame auteur écrivait pendant que la
comtesse de Plelo possédait la seigneurie de Sacey.

Nous voyons d'ailleurs, le 15 mai 1715, arrêt fait
sur Jean Martin, fermier du lieu et terre du Flechet,
pour quatre cents livres dues par Mme de Plelo,

pour Argouges, Sacey, Boucey, Vessey dont elle est seigneur et deux sols pour livre, à cause des justices mentionnées au rôle; puis en décembre 1719, du sieur Delahaie pour Mme de Plelo reçu 20 livres par M. Herembourg.

Comme nous voyons la comtesse de Plelo en 1719 et les de Langeron en 1731, c'est entre ces deux dates que Sacey changea de seigneur.

La comtesse de Plelo est la dernière descendante, à Sacey, des seigneurs qui précèdent. Les armes de la comtesse de Plelo étaient : burelé d'or et de gueules.

IX. — LES DE LANGERON

Les de Langeron sont devenus acquéreurs de la seigneurie de Sacey. En effet, nous lisons qu'en 1730, Gilles Buais fut enterré dans la chapelle Saint-Georges, de la réquisition des adjudicataires des terres et seigneurie de Sacey, qui leur auraient été, croyons-nous, vendues par les successeurs de la comtesse de Plelo, qui avait eu tant de peine à en sauver les débris. Ces de Langeron étaient parents des de Molac.

Nous voyons en 1731, 1762, 1767, haut et puissant seigneur Louis-Théodose Andrault, chevalier, comte de Langeron, baron de Vaux et Coigny, seigneur châtelain de Sacey, Boucey, Argouges, Vessey, Montanel et autres lieux, chevalier de l'ordre militaire de Saint-Louis, gouverneur de la Charité-sur-Loire, lieutenant du roi des quatre évêchés de la Basse-Bretagne et sous-lieutenant de la gendarmerie du Berry. En 1731 et 1762, il fut parrain de cloches pour Sacey.

En 1781, nous trouvons haut et puissant seigneur Louis-Alexandre Andrault, comte de Langeron, baron de la Ferté et de Coigny, marquis de la côte Crapaudau, Bienassis, seigneur-châtelain de Sacey, Argouges, Boucey, Montanel Vessey, lieutenant pour Sa Majesté des quatre évêchés de la Basse-Bretagne. Ce fut le dernier seigneur de Sacey. Ayant émigré, il partit pour la Russie et devint gouverneur de la Crimée. On dit que la veuve de l'un de ses fils se trouvait encore dans les environs de Sébastopol, pendant le siège de cette ville.

Nous avons trouvé aux archives de Saint-Lo, une liste des biens des de Langeron, vendus, en 1793, comme biens nationaux.

En Sacey

1° Château, chapelle, avenue, 2 vergées; 2° Clós du château, 7 vergées; 3° Prairie de Ginguené, 22 vergées; 4° Houdissais, moulin de Ginguené et de la Porte; 5° Prairie du Breuil, *Dierge* et *Couesnon*, 72 vergées; 6° la Courbe, 260 vergées; 7° la Tourelle, 293 vergées; 8° Terre de Villeperdue, 104 vergées; 9° Bois de Rouffigny, 75 vergées; 10° Bois de Corblay, 35 vergées; 10 *bis*, Bois Butin, 1 vergée; 11° portion de la prairie des Grandes-Journées, 6 vergées; 12° Maison de la Chienneterie, four, jardin, 2 vergées et demie; 13° Meslières, Ferrières, Champ Morin, Jardin Geslin, Chenevelaie, 43 vergées; 14° portion midi de Bress, 5 vergées; 15° Clos-Jean, 3 vergées; 16° portion de pré près de la Tourelle, 15 perches; 17° Maison dite le Temple; 18° Jardin à la Dame, 4 vergées; 19° pré des Joncs, 5 vergées; 20° le bas des Rochelles, 9 vergées; 21° Champ Lody, 9 vergées.

En Boucey

1° Le Fléchet; 2° Bois du Coudray, 16 vergées; four à ban; 3° Métairie du Portail.

En Argouges

1° Deux moulins et 11 vergées; 2° Jautée, 160 vergées; 3° Vergée du Gaut; 4° trois portions, 2 vergées; 5°, trois portions, jautée inculte et bois, 34 vergées.

En Montanel

1° La Roulaye, 135 vergées; 2° Livernais.

Les armes des de Langeron étaient : écartelé : au 1er et au 4e d'azur, à trois étoiles d'argent; au 2e et au 3e d'argent, à trois fasces de gueules, chargé d'une bande d'azur, surchargée de trois fleurs de lis d'or.

———————— ⫯✕⫯ ————————

CHAPITRE II

CHATEAU

DES SEIGNEURS DE SACEY

Voici nos idées sur le château de Sacey. Nous croyons fermement que le château qui précédait celui dont nous voyons les restes était à la Tourelle. Nous donnerons brièvement nos raisons.

1° Le système suivi vers les x, xi et xii° siècles qui plaçait le plus souvent les châteaux sur les hauteurs. Ce ne fut que plus tard qu'on les descendit dans les vallées où l'on se procurait plus facilement de l'eau qui manquait souvent sur les hauteurs. Alors, au lieu d'en rendre l'accès difficile par des escarpements, on le faisait au moyen de douves plus ou moins larges.

2° Le mot Tourelle, avons nous entendu dire à des archéologues, est souvent l'indice d'un château.

3° Cet étang placé sur une hauteur et qui a du demander des travaux considérables et avoir été fait pour des raisons graves s'explique parfaitement par les besoins d'un château.

4° Nous trouvons ici des traces qui sont en petit celles de Charruel.

5° La position admirable : à l'est, la vue domine une vaste plaine ; au midi, une descente assez brusque à la rivière, puis un terrain montant facile à surveiller, de sorte que les Bretons ne pouvaient sortir de leur territoire de plus d'un kilomètre, sans être signalés sur les hauteurs de Villeperdue, surveillés dans leur descente et rencontrer non pas une simple rivière, mais un marais assez large ; au couchant, la bourgade qui pouvait reposer en paix placée entre les deux collines du château et de Charruel, à peu près à égale distance de l'une et de l'autre. Nous n'insisterons pas davantage.

Le château de Sacey semble avoir été abandonné, pendant plus d'un siècle par les de Saint-Hilaire. Aussi, quand les Malemains voulurent l'occuper, ils purent sentir le besoin de le remplacer. Quoi qu'il en soit, le château actuel fut construit d'après le système qui recherchait l'endroit où les eaux fussent abondantes et sur un passage fréquenté par les Bretons. Nous ne pouvons préciser l'époque où fut bâti le château dont nous voyons les restes. Une chose pourrait peut-être nous mettre sur la voie : il nous semble avoir vu, sur un des côtés de la porte d'entrée, deux lettres antiques que nous croyons être F M. ; de sorte que si ces lettres, comme nous serions porté à le croire, indiquent le châtelain qui l'a bâti, nous ne trouvons dans la liste des seigneurs que le nom de Fraslin Malemains qui pourrait s'y rapporter. Mais, dans les deux siècles que les Malemains ont été seigneurs de Sacey, nous voyons trois fois le mot Fraslin : en 1200, 1300, 1350. Ce qui nous reporterait aux xiiie et xive siècles et la tourelle du nord-est qui nous parait la plus ancienne partie se rapporte bien à cette époque.

A l'occasion de cette tourelle qui renferme la chapelle actuelle, qu'on nous pardonne une digression ; nous sommes étonné que tous les archéologues, qui ont visité ces ruines, aient cru que la chapelle ne remonte qu'au xvie siècle, et qu'elle ait été bâtie comme chapelle. Tous sans doute ont remarqué et fait remarquer sa forme bizarre, une moitié de tourelle plongeant dans la douve, un mur très épais, des meurtrières, une cheminée, une espèce de porte ou lucarne, à trois ou quatre mètres au dessus du sol, et aucun ne s'est douté qu'il y avait une autre solution.

Voici d'après nous ce qui s'est passé : Gilles de Couvran, vers 1495, fit vœu de bâtir une chapelle au château.

C'était l'époque ou par suite de la réunion de la Bretagne à la France, les châteaux fortifiés, nécessaires jusque là, devenaient inutiles et par là tant de logements inoccupés; le châtelain, au lieu de faire une construction nouvelle, en choisit un pour la chapelle et prit le corps de garde, près de la porte d'entrée du château. Par là s'expliquent sa forme de tourelle, ses murs très épais, sa cheminée, sa lucarne donnant sur le rempart et permettant à la sentinelle, qui n'avait que quelques pas à faire de la porte d'entrée à la lucarne, pour communiquer avec le corps de garde, dans un instant, sans dérangement, sans éclat et d'indiquer tous les mouvements suspects de l'ennemi. Cela nous paraît évident, et cependant nous n'avons trouvé à y avoir pensé que le propriétaire actuel, M. Guiton de la Villeberge.

Par là nous a été conservé le seul reste authentique du château des Malemains; car le corps du logis est regardé comme plus récent. Les ornements d'une des salles, que l'on remarquait, il n'y a que quelques années, ont été transportés au château de Bonne Fontaine, à Antrain.

Nous avons vu la vente du château en 1793. Après la Révolution, les de Langeron rachetèrent le château, mais voyant, croyons-nous, qu'il ne pouvaient grouper autour du château, qu'un terrain tout à fait insignifiant, ils vendirent le peu qu'ils avaient recouvré à M. le comte Guiton de la Villeberge, en 1818. C'est là ce que nous dit M. Guiton, père du propriétaire actuel.

CHAPITRE III

CHARRUEL

Sur une colline baignée par la Dierge, se dessinaient les puissants reliefs de la forteresse de Charruel. Robert I, duc de Normandie, la fit construire comme un des postes importants de sa ligne de défense contre la Bretagne et spécialement contre Alain, duc de cette province en 1028.

Guillaume de Jumièges, nous dit : Alain comte des Bretons, s'étant efforcé plusieurs fois de se soustraire au service du duc Robert, celui-ci s'avança contre Alain avec une armée considérable, et fit élever, non loin du Couesnon, une forteresse appelée Caruca, pour la défense de la Normandie et pour réprimer l'audace présomptueuse des Bretons. Robert donna la garde de Charruel, à Auvray le

Géant, entra en Bretagne et ravagea le pays jusqu'à Dol. Alain, ayant voulu se venger, entra en Normandie ; mais il fut défait par Auvray, aidé des gouverneurs de Pontorson et de Saint-James. Depuis cette mention positive de Charruel nous n'avons que peu de chose à en dire jusqu'à l'occupation anglaise.

Il est présumable, dit M. de la Villeberge, que, soit par don, soit par usurpation de vavassorie mouvante de la couronne, Charruel devint un fief particulier, parce que depuis nous ne voyons plus que des seigneurs de ce nom.

Un Jean Charruel, ayant aidé dans leur révolte contre le roi, les capitaines de Saint-Hilaire et de Saint-James fut fait prisonnier à Dol en 1175. Dans le XIV° siècle, on trouve mention de Charruel comme composant un fief de 500 vergées, d'un moulin, et possédé par un seigneur de ce nom dont les armes étaient : de gueules, à un char d'argent.

Un Yves de Charruel était en 1350, au combat des Trente et en revint, dit-on, comme les autres survivants tailladé d'une horrible façon. On trouve au trésor des chartes un domnus Yvo de Charruel probablement le même aux gages du roi de France, de 1351 à 1369, avec cet article : par mandement du dernier novembre 1369, le roi accorde à Yvain

Charruel, chevalier, 100 livres pour lui aider à supporter les frais et missions de son service.

Le 24 novembre 1419, Henri V, roi d'Angleterre, confisqua le château et seigneurie de Charruel sur Robert le Charpentier et Olive de Coëtivy, sa femme et en investit Guillaume Hodelhal, l'un de ses capitaines qui y tint garnison.

Dans la liste des cent dix neuf héros qui défendirent le Mont Saint-Michel, on trouve un le Charpentier.

L'an 1458 décéda Robert le Charpentier, seigneur de Charruel, de la Touche, du Gault, etc., et dernier du nom. Il fut inhumé dans l'église de Sacey.

Il avait de son mariage avec Olive de Coetivy trois filles : Yvonne, l'aînée fut mariée à Pierre de la Paluelle, fils de Thomas et lui apporta en dot Charruel.

Le registre du prieuré de Sacey portait sur les trois filles de Robert le quatrain suivant :

> Les trois Charpentières eurent l'heur
> D'espouser, chacune un damoisel,
> Comme elles, fils d'un preux défenseur
> Du bel Moustier Monsieur Saint-Michel.

Nous trouvons Pierre de la Paluelle recensé par Montfaut, en 1463. Un de ses descendants Gilles de la Paluelle, après la réunion de la Bretagne à la

France, fit démolir la forteresse et de ses débris fit bâtir, à peu de distance, un manoir avec colombier. En 1598 ou 1599, Roissy recensa comme noble à Sacey Jacques de la Paluelle, fils Gilles, seigneur de Charruel.

Cette branche de la Paluelle tomba en quenouille, en 1602, dans la personne d'Hélène de la Paluelle, fille de Jacques, qui épousa Olivier des Douetils, sieur du Mesnil, de Granville, lequel, étant venu à Charruel voir ses enfants, y mourut avec un de ses fils, en 1615, pour avoir mangé des champignons. Ils furent enterrés dans la chapelle de Charruel (Saint-Gilles), à l'église. Son fils décéda à Charruel, en 1622, et sa fille épousa, en 1621, Gilles Vivien de la Champagne, lieutenant général du Bailliage d'Avranches. Hélène mourut, en 1648, dame du Mesnil et de Charruel et fut enterrée devant l'autel Saint-Gilles, à l'église, par le pénitencier d'A-vranches. Alors Charruel passa dans la maison de la Champagne et y demeura jusqu'à la Révolution.

Nous voyons dans la liste des biens nationaux vendus en 1793 : pour Vivien de la Champagne : Charruel 278 vergées, plus 20 vergées, butte inculte.

Les Charpentiers portaient : palé d'argent et d'azur de sept pièces, à l'aigle d'argent déployée brochant sur le tout ; au chef d'azur chargé de trois étoiles d'argent.

Les armes des de la Paluelle étaient : d'azur, à trois molettes d'éperon d'argent.

Les de la Champagne portaient : d'azur, à deux fasces d'or, à neuf merlettes de même 333.

M. de la Villeberge nous paraît en défaut en mettant deux bandes.

CHAPITRE IV

PAROISSE DE SACEY

I. — EN GÉNÉRAL

La baronnie de Sacey, que l'on dit avoir été donnée par Rollon à son oncle paternel, Malahulsius, s'étendait au moins de Pontorson à Saint-James. Quoique cette baronnie se soit démembrée en fait, les seigneurs de Sacey, jusqu'à la révolution, prenaient dans leurs actes le titre de Seigneurs de Sacey, Boucey, Aucey, Vessey, Macey, Montanel, Argouges, Carnet.

A la fin du xie siècle la paroisse de Sacey s'étendait de Aucey à Argouges. Mais au commencement du xiie, Sacey fut démembré et Montanel formé à ses dépens. Ce qui a donné lieu à ce quatrain :

Si Sacey dans sa douleur
Un jour n'avait avorté,
Montanel pour son malheur
N'aurait jamais existé.

Sous le pontificat de Turgis, évêque d'Avranches, que l'on voit assister au concile de Rouen, en 1118, Osmond Anel, qui habitait près de l'endroit où se trouve l'église de Montanel, voyant la difficulté de passer pendant l'hiver le marais que formait la Dierge et d'aller à l'église de Sacey pour les offices, obtint de bâtir une chapelle près de sa demeure. Cette partie de la paroisse de Sacey où fut bâtie cette chapelle ne dépendait plus du seigneur de Sacey, mais de Gilbert d'Avranches. Celui-ci s'entendit avec l'évêque et la chapelle fut autorisée. Mais d'après un nouvel accord entre Turgis et Gilbert, cette chapelle fut érigée en église paroissiale et reçut pour territoire ce qui appartenait au dit Gilbert. Mais, comme la partie de la paroisse de Sacey qui touchait à Argouges ne lui appartenait point, il ne put en disposer. Elle resta donc à Sacey quoique tout à fait enclavée entre Montanel et Argouges. Cette séparation de Sacey, en deux tronçons distincts, a duré environ six cents ans. Ce ne fut que sous la Restauration qu'une loi ordonna de rattacher toutes les enclaves aux communes voisines, et que Sacey perdit cette partie de son territoire composée d'une douzaine de villages et du bois de Blanchelande.

Argouges reçut les villages de Montaubert et du Portail, qui ne font pour ainsi dire qu'un seul village; puis les villages du Gault et de Marigny avec une partie du bois de Blanchelande.

A Montanel furent rattachés les villages suivants: le Gué-au-Jart, la Porte-aux-Dames, le Bigot, la Taupinière, Roche-Garret, la Hamelinaie, Chaufour, le Clos-aux-Bœufs; puis la plus grande partie du bois de Blanchelande.

Par suite de cette nouvelle division, Sacey, qui, en fait de territoire, tenait de beaucoup le premier rang, passa au troisième, et, tandis qu'Argouges arrivait à 1639 hectares, Montanel à 1548, il n'en restait plus à Sacey que 1527.

Quant à la population, Montanel est toujours resté inférieur.

Argouges, qui avait d'abord repris le dessus, est retombé, pendant quelques années, au dessous, puis enfin a repris le premier rang.

Voici d'ailleurs le mouvement de la population de ces deux communes, au moment de la nouvelle division, et dans la suite.

Avant, Sacey, 1527, Argouges, 1316.

Après en 1841, Sacey 1334, Argouges 1576.

—	1876,	—	1227,	—	1272.
—	1886,	—	1186,	—	1152.
—	1896,	—	1041,	—	1164.

II.—QUELQUES ENDROITS PARTICULIERS DE SACEY

CHARRUEL

Charruel était une vavassorie noble relevant de la seigneurie de Sacey par un huitième de fief. Ce fief à une certaine époque, estimé à cinq cents vergées, n'en avait plus que trois cents, sous la maison de la Champagne. Nous voyons en 1772, au rôle des rentes dues à la seigneurie de Sacey, Hippolyte Vivien de la Champagne doit cent sols pour Charruel.

LA CORBONNAIE

Ce fief dont il est souvent parlé, appartenait en 1631, à Jacques de la Cervelle, seigneur d'Aucey et relevait de la seigneurie de Sacey, par un huitième de fief. Elle renfermait le fief Barbe, à la Barbais, Taillepied, le Poulet, le gué Ferrier.

La Courbe qui vient à la suite sur le Couesnon, nous semble avoir la même étymologie. Elle appartenait directement au seigneur de Sacey,

La Basse Courbe, à la suite, formait un franc fief, tenu noblement par le prieur de Sacey, avec gages-pleiges, cour et usages.

LE MOULINET

Cette sieurie paraît avoir eu une certaine importance. Cependant nous ne pouvons citer que Pierre Guichard, docteur en Sorbonne, grand-maître du collège de Navarre, donné en 1610, comme sieur du Moulinet et de Villiers.

VILLEPERDUE

Parmi les villages de Sacey, Villeperdue est de beaucoup le plus important et semble l'avoir été encore plus dans le passé. Il y avait plusieurs quartiers ayant des noms différents, mais le principal était la Salle Savigny, ou le fief Yger. Là devait se trouver une demeure plus ou moins seigneuriale.

Cependant parmi les principaux personnages de ce village, nous ne pouvons citer que Yger de Villeperdue que nous trouvons en 1225, à côte de Fraslin Malemains.

Au dessus de la Salle, nous croyons avoir vu des restes de murs, des mouvements de terrain qui semblent indiquer dans le passé, des constructions considérables qui s'expliqueraient par leur position en face de la Rouairie de Bretagne, et par l'absence, en cet endroit de limites naturelles entre la Bretagne et la Normandie.

Deux pierres portant des inscriptions et paraissant provenir de ces ruines ont mis en émoi, il y a quelques années, tous les savants du pays. La société d'archéologie a fait de vives instances pour les obtenir et a fini, je crois, par en enrichir son musée. Je n'en dirai pas davantage, je ne voudrais pas, profane que je suis, jeter une note discordante dans ce concert de savants.

Le nom de ce village semble provenir d'un évènement transmis par une tradition vague. A une époque qu'on ne peut préciser, une partie au moins de ce village se serait effondrée avec son église, et cette tradition nous offre un côté légendaire. On aurait pu quelquefois, en collant son oreille sur la terre, entendre encore, dans les grandes solennités le son des cloches disparues, un prêtre aurait été vu quelquefois errant dans la nuit, sur le lieu de la catastrophe.

MARIGNY ET LE GAULT.

Dans la partie rattachée à Argouges et apparte-
nant à Sacey, jusqu'au commencement de ce siècle,
se trouvent les deux villages de Marigny et du
Gault. Chacun de ces villages avait une demeure
plus ou moins seigneurjale, servant d'habitation,
depuis plusieurs siècles, à des nobles se disant
sieurs de Marigny ou du Gault.

Ainsi, en 1463, Monfaut trouve comme nobles, en
Sacey; Jehan du Homme, sieur du Gault et Olivier
de Carnet, sieur de Marigny.

En 1598 ou 99, Roissy recensa comme nobles, à
Sacey : Jacques Reillet?, sieur du Gault et Julien
Pocras, sieur de Marigny dont la noblesse contes-
tée d'abord fut admise ensuite.

En 1666, Chamillard recensa comme noble, François de la Binolaie, sieur du Gault.

Nous ne nous arrêterons pas plus longtemps à
ces personnages qui se succèdent si rapidement, et
dont nous ne savons rien qui puisse nous les rendre
intéressants.

LE CHATEAU DE MONTAIGU.

Dans la partie rattachée à Montanel, Sacey recevait une plus grande illustration en possédant sur son territoire le château de Montaigu, siège de la châtellenie d'Argouges, mais, comme son histoire est à peu près perdue, nous dirons seulement que, lorsque Gilles de Couvran en fit l'acquisition, en 1479, il n'avait point encore réparé les dégâts qu'il avait éprouvés, pendant la guerre de cent ans; et, lorsque nous le retrouvons, en 1631, dans la succession d'Yves Budes, il était en ruines, et maintenant les ruines elles-mêmes ont disparu complètement.

Par suite de cette acquisition le seigneur de Sacey se vit à la tête de deux châteaux et de deux châtellenies. D'après M. de la Villeberge, une bonne partie des avantages que nous avons attribués à Sacey lui venait de l'acquisition de Montaigu. Il semble même nous dire, sans nous convaincre, que Montaigu avait apporté à Sacey plus d'honneur qu'il n'en avait reçu.

Nous ferons ici une rectification. Les paroles prêtées par nous à M. de la Villeberge, à la fin de l'article sur le château de Sacey, avaient été dites pour le château de Montaigu. Mais comme le château avait eu le même acquéreur et vers le même temps, tout a du se passer à peu près de la même façon.

En terminant cette première partie, le lecteur voudra bien nous pardonner quelques réflexions.

Il est difficile de se faire une idée de l'ancien Sacey sur le territoire duquel se trouvaient, dans une étendue de cinq kilomètres, une forteresse et deux châteaux fortifiés. A la guerre de château à château venait se joindre la guerre de province à province, car Sacey touchant à la Bretagne dans sa plus grande largeur se trouvait mêlé nécessairement à tous les conflits si nombreux qui s'élevaient entre les Normands et les Bretons et recevait toujours le premier choc. Sacey devait être assez souvent comme un vaste camp où retentissaient les pas précipités des troupes en mouvement, le bruit des armes, les cris de guerre.

Eh bien! De tout cela que reste-t-il? De la forteresse de Charruel et du château de Montaigu, il ne reste plus une seule pierre. Du château de Sacey, il ne reste comme témoin de ces guerres qu'une simple tourelle qui, convertie en chapelle, est maintenant consacrée au Dieu de la paix.

De sorte qu'on peut dire de Sacey en général, ce qu'un poëte a dit de sa forteresse :

Charruel n'offre plus aux yeux épouvantés
D'attributs teints de sang, de rebelles domptés,
De captifs enchaînés une foule éperdue ;
Mais des sillons, des bœufs, une simple charrue.

FIN DE LA PREMIÈRE PARTIE.

DEUXIÈME PARTIE

HISTOIRE RELIGIEUSE

CHAPITRE PREMIER

LE PRIEURÉ

L'histoire religieuse de Saccy n'est, pendant plusieurs siècles, que l'histoire de son prieuré, dont nous parlerons en commençant.

I. — ORIGINE DU PRIEURÉ

Nous donnerons d'abord des extraits du cartulaire de Marmoutiers.

Premier extrait. — On ignore l'origine du prieuré de Saccy. Ce prieuré est situé dans le diocèse d'Avranches, dans la partie inférieure de la Normandie, à l'extrémité occidentale. Mais, dès le temps de Michel, évêque d'Avranches, en l'an 1090, un Robert de Bodiac, vicomte, s'étant fait moine à Marmoutiers, donna, dans Sacey, une terre d'une charrue avec l'assentiment de Raoul, son fils. D'autres biens furent ajoutés à ceux-ci, en divers temps, par Harscutus, neveu de Robert et le tout fut approuvé par Michel en 1090.

Deuxième extrait. — Nous avons eu entre les mains un vieux papier, sans date, qui dit que Robert, Raoul, Ansger avaient donné à Marmoutiers l'église de Sacey avec deux charrues de terre et des prés.

Nous avons bien vu une espèce de charte qui nous semble une réunion de fragments qui s'accordent peu ensemble. Nous croyons qu'il suffira d'en résumer ce que nous avons pu y comprendre.

La charte rédigée dans le cloître de Saint-James, par Michel, évêque d'Avranches, en 1090, et confirmée la même année dans la maison de Harscutus, rappelle qu'en divers temps, en divers lieux et par diverses personnes, des donations avaient été faites au prieuré de Sacey avant 1090.

Il paraît qu'en ce moment il y eut une grande émulation entre les habitants pour faire des dons au prieuré. Nous voyons Harscutus et sa femme Mathilde, Raoul, fils de Robert de Bodiac, rivaliser de générosité. Un Evanus Secar ou Sequar et son cousin Payen, fils d'Albéric, donnèrent chacun dix acres de terre ; le dernier *ad Thelicum* (Teillé ?) en Sacey. Nous passerons un grand nombre de donateurs dont les noms étranges ne nous diraient rien d'intéressant. Tous faisaient des donations sur leurs biens, en Sacey : le tout entre les mains de Guérin, prieur de Sacey ; de sorte que le prieuré put avoir le nombre suffisant de religieux pour desservir les églises de Sacey, d'Aucey, de Montanel et d'Argouges. De là, il résulte que le prieuré remonte plus haut que 1090.

Il parait que Ansger, fils de Raoul, et petit-fils de Robert, au lieu de ratifier les donations de son père, s'empara de ces biens. C'est ce qui parait résulter d'une charte du temps de Turgis, évêque d'Avranches, qui assista, en 1118, au concile de Rouen.

Premier extrait.—Ansger, fils de Raoul, ayant écouté le conseil de gens sages, nous a rendu l'église de Sacey qu'il avait possédée injustement par héritage et à sa prière et à son assentiment, nous avons rendu la dite église à Dieu, à Saint-Martin et au prieuré des moines, en présence de Harscutus dont elle dépendait, et par la main de Guérin, prieur actuel de Sacey et tout cela approuvé par Harscutus, son épouse Mathilde et ses deux fils Eudes et Philippe. Le même Ansger s'étant fait moine à Marmoutiers, tous ses amis et parents ont approuvé ce don.

Deuxième extrait. — Du temps de Turgis, l'église d'Argouges avec ses dîmes, son presbytère, et ses offrandes, puis la chapelle d'Osmond Anel furent données aux moines de Sacey.

Troisième extrait. — Nous avons érigé la chapelle d'Osmond Anel en église paroissiale et l'avons donnée à gouverner à un moine de Sacey, pourvu qu'il réside.

Quatrième extrait. — Nous avons donné aux moines de Sacey l'église d'Argouges et celle d'Aucey ; et ces quatre paroisses ont toujours fait partie du prieuré de Sacey, jusqu'à la Révolution.

II. — VISITES DU PRIEURÉ

Par Eudes Rigault, archevêque de Rouen

Première visite.

L'an 1250, le deuxième des calendes d'août, nous avons visité le prieuré de Sacey. Il y a trois moines de Marmoutiers. Interrogés s'ils faisaient l'office avec notes, ils ont répondu que oui, et même la nuit ; interrogés s'ils observaient le silence, ils ont répondu que non ; interrogés s'ils vivaient en commun, ils ont répondu que oui; interrogés s'ils avaient des vêtements de la communauté, ils ont répondu que oui; interrogés s'ils rendaient les vieux en en recevant de nouveaux, ils ont répondu que oui, qu'autrement ils n'en recevraient pas; interrogés si le prieur avait soin de l'âme des moines, ils ont répondu que oui; interrogés si tous disaient la messe, ils ont répondu qu'un vieux moine, à cause de sa faiblesse, ne la disait pas; interrogés s'ils se confessaient selon les statuts du pape Grégoire, ils ont répondu qu'en cela ils devançaient les statuts; interrogés sur quoi ils couchaient, il ont répondu que c'était sur des matelas. Nous leur avons interdit l'usage des matelas, si ce n'est dans le cas de nécessité et permis par la règle. Interrogés s'ils mangeaient de la chair, ils ont répondu que oui. Nous leur avons fait défense d'en manger, si ce n'est dans les cas permis par la règle. Ils ont de revenu 200 livres et ne doivent pas plus qu'il ne leur est dû.

Deuxième visite

L'an 1256, le VII des Ides de mai, nous avons visité le prieuré de Saccy. Il y a trois moines de Marmoutiers. Ils n'observent pas bien les jeûnes de la règle, et mangent de la viande sans nécessité.

Nous leur avons enjoint de garder plus fidèlement
la règle sur ce point. Ensuite, ayant trouvé dans
l'église le corps du Christ placé dans une fenêtre,
de sorte que les moines lui tournaient le dos pendant l'office, nous leur avons ordonné de le placer
honorablement à l'autel, soit dans un tabernacle,
soit dans une pyxide. Ils ont de revenu 200 livres;
ils ont plus de créances très solvables que de dettes.
Il y a pour le procureur 7 livres 2 sols 1 denier.

Troisième visite.

L'an 1262, le VIII des Ides de mai, à Sacey. Il y a
quatre moines, on blâmait la conduite du curé.

III. — REVENUS ET CHARGES

Nous avons vu que, dès son origine, le prieuré
avait reçu beaucoup de donations. Plus tard, nous
voyons Gilbert Malemains lui faire une donation de
2.700 livres de rente. Nous pensons que cette somme
est exagérée pour le temps, c'est-à-dire vers le
milieu du xive siècle.

Au xvie siècle, Robert Cenalis disait du prieuré :
Il y a encore un autre couvent claustral réduit à
peu de chose maintenant : c'est Sacey (de Saxeio),
dépendant de Marmoutiers.

Dans le pouillé de 1648, il avait un revenu de
1.500 livres. La statistique de 1698 lui en donnait
2.500. Au moment de la Révolution, on l'estimait
à 3.400.

Nous avons trouvé aux archives de Saint-Lo les
biens suivants du prieuré vendus en 1793.

1° Bâtiments, cour et jardin.

2° Triardière 140 à 150 vergées.

3° Vieille masure dite Moulin-aux-Moines.

4° Grange à Aucey.

Charges.

Si le prieuré avait ses revenus, il avait aussi ses
charges. Il devait d'abord tenir une école, d'après
la donation de Gilbert Malemains, et, d'après Gilles
de Couvran, il s'y trouvait une école ecclésiastique,
puisqu'il ordonne au chapelain de se faire aider
dans les offices soit à la chapelle du château, soit à
la chapelle Saint-Georges à l'église, par cinq écoliers à simple tonsure et des plus pauvres, et de ne
prendre un ordre plus élevé qu'à défaut d'un nombre
suffisant de tonsurés. Il lui fallait en outre entretenir des religieux pour desservir les paroisses du
prieuré, et plus tard, les curés et vicaires utiles pour
l'exercice du culte. Il lui fallait encore entretenir et
reconstruire au besoin le chœur, et quelquefois en

faire autant de la tour. Ce dernier article était souvent un sujet de procès entre le gros décimateur et les paroissiens, selon que la tour pouvait être considérée comme dépendante du chœur, comme nous allons le voir pour Sacey.

Peu d'années avant la Révolution, il y eut dispute entre le prieur et les paroissiens de Sacey, à l'occasion de la tour. Pour en donner une idée, nous citerons un rapport fait au préfet par la municipalité, en 1803 :

Le conseil met sous les yeux de M. le Préfet la position de la commune concernant la reconstruction de la tour, détruite par le ci-devant prieur de Sacey, d'après un jugement rendu contre lui comme étant chargé de cette construction; lequel s'en était occupé avant et pendant la Révolution. Mais à l'instant de la suppression du clergé, toutes les entreprises sont restées intactes. Cependant le gouvernement a forcé le fermier du ci-devant prieur à lui payer une somme de 5.698 fr. 62, restée en dépôt pour la construction de la tour et autres réparations à la charge du prieur. La commune espère justice (qui n'est pas venue). Nous parlerons plus loin de la tour et du payement du curé et des vicaires.

IV. — LISTE DES PRIEURS

Ici, comme souvent ailleurs, il y a divergence, confusion. Nous donnerons une liste sans aucune garantie de notre part.

Pendant cinq siècles, nous ne trouvons que deux noms : autour de 1100, Guérin, du temps de Michel et de Turgis, évêques d'Avranches ; puis vers 1200, Ranulphe, dans une charte de Fraslin Malemains.

Le reste ne nous semble que des prieurs commendataires.

1° M. de Villiers, vers 1570.

2° M. Bertrand Gardais.

3° Mgr Dominique Séguyn, évêque de Meaux, mort vers 1658.

4° Mgr Dominique de Ligny, coadjuteur de l'évêque de Meaux, succède à Mgr Seguyn, ci-devant prieur et meurt vers 1681.

6° Henri Boyvin de Vaucour, diacre du diocèse de Paris, 1682.

7° Gilles Le Sourd, curé de Saint-Paul, à Paris, qui donna le rétable du maître-autel, en 1697, comme ancien prieur.

8° Claude-Gabriel Rigaud, 1708-1725.

9° Nicolas Gedoyen, du diocèse d'Orléans, résigne son prieuré en 1733.

10° Philippe-Louis de la Planche de Morlière succéda par résignation à M. Nicolas Gedoyen, son oncle. Il était capitaine de grenadiers au régiment de Normandie, chevalier de l'ordre de Saint-Jean-de-Jérusalem. Il fut tué au siège de Berg-op-Zoom, en 1747. Il laissa aux quatre paroisses de son prieuré (Sacey, Montanel, Aucey, Argouges), une fondation, tant pour faire dire des messes pour le repos de son âme et de celle de M. l'abbé Gedoyen, son oncle et son prédécesseur, que pour soulager les pauvres.

11° Jules-Marie de Gauville, bachelier en théologie, chanoine de la Sainte-Chapelle de Bourges. François Morin, chapelain du château, prit possession par procuration, en 1748.

12° M. de Maryanville, mort en 1779.

13° Messire François-Marie-Elisabeth de la Bintinaie, prêtre du diocèse de Rennes, vicaire général d'Autun, grand vicaire de Paris, fut le dernier prieur. Contrairement à ses prédécesseurs, on le voyait assez souvent habiter à Sacey. Insermenté, il se retira dans le diocèse de Rennes et y mourut.

CHAPITRE DEUXIÈME

CLERGÉ DE SACEY

I. — CURÉS DE SACEY.

Nous pensons que la paroisse de Sacey fut desservie assez longtemps par les religieux du prieuré. Nous ne pouvons citer aucun curé avant 1564 et ce n'est qu'à partir de 1619 que nous pouvons donner une liste suivie. Jusque là, nous ne parlerons que de ceux que nous avons vu dans certains actes et la date sera celle de ces actes.

1° Jehan Le Freschu apparaît en 1564. Il est appelé quelquefois frère Jehan Le Freschu, ce qui indiquerait peut-être un religieux resté à Sacey. Ce curé est remarquable par plusieurs fondations. Son nom se retrouve souvent dans les charges des rentes de la fabrique avant la Révolution ; et chaque année une messe reste comme souvenir de ses fondations. Nous le voyons encore en 1578.

2°. Jehan Legros, 1580-1584.

3° Fleury ou Florin Dauguet, 1590.

4° Brix Butin, 1598-1601.

5° Martin Lorin, 1608-1611-1614.

6° Pierre Lebouteiller de 1619 à 1649. C'est de son temps qu'eut lieu la restauration presque complète de la nef, si nous en croyons les dates de 1621, pour la partie du nord et de 1627, pour la partie du midi.

7° Roland de Marca, aumônier du roi, vint à Sacey le 19 juin 1650. Il se démit en 1658 et passa à la cure de Montanel. D'après un vieux manuscrit de Montanel, il était Gascon d'origine. Se voyant près de mourir, il recommanda à ses vicaires de l'inhumer si profondément que jamais ses cendres ne pussent se mêler à celles des Normands ; et ses vicaires, empressés de suivre ses dernières volontés, firent creuser sa fosse à vingt-quatre pieds de profondeur, dans la chapelle Saint-Laurent de l'ancienne église.

8° On donne un Gilles Menage, mort au bout d'une année.

9° Jacques Restout vint à Sacey en 1660, démissionnaire en 1665, il mourut en 1666.

10° Pierre Pontas pourvu en cour de Rome, en 1665, était de Saint-Hilaire et depuis plusieurs années chapelain du château. Vers 1670, il résigna sa cure, dit-on, en faveur de son frère Jean Pontas (l'auteur des cas de conscience), qui démissionna l'année suivante et ne donna aucun signe de vie à Sacey.

11° Guillaume Le Gallois, du diocèse de Coutances, licencié en théologie de la faculté de Toulouse, protonotaire du Saint-Siège, entra en fonction en 1672, et disparut à la fin de 1689. Il fut quelque temps chapelain du château.

12° Jean Launay entra à Pâques en 1690, et fut enterré dans le chœur, le 20 novembre 1701. Il mourut à 47 ans, dans un temps d'épidémie.

13° Jacques Herambourg que nous croyons originaire de Montaubert, qui faisait alors partie de Sacey, paraît en février 1702 et disparaît vers 1716. Nous le voyons plus tard curé de Saint-Sulpice, à Fougères. Il fut aussi chapelain du château depuis 1710, et l'était encore, tout en étant curé de Saint-Sulpice. Nous lisons dans le registre de 1703 :

« En icelle année, M. Dubois, supérieur, directeur des missions du diocèse d'Avranches, ouvrait une mission en l'église de Sacey, le dimanche, quatre novembre, qui finit le dimanche premier de l'Avent, 2 décembre. M. Legendre, curé de Villiers, et depuis prieur de Saint-Laurent-de-Terregate, doyen de la Croix, officia à l'ouverture et la procession alla au château avec le Saint-Sacrement, à l'issue du sermon prononcé par M. de Mauny, supérieur du séminaire d'Avranches. Les paroisses de Vessey, Argouges, Montanel et Aucey y vinrent processionnellement. Elle fut fort célèbre par rapport à l'affluence du monde et à l'excellence des ouvriers. La clôture fut prêchée par M. de Vaulgeard, curé de Montgothier, M. Lecordier, curé de Saint-Jean-de-la-Haize, promoteur du diocèse, officia aux vêpres. Ils étaient logés au château. »

Autre extrait des registres : « Le dimanche 25 octobre 1705, Nous, Julien Legendre, prêtre prieur de Saint-Laurent-de-Terregate, doyen de la Croix-en-Avranchin, en conséquence du procès-verbal par nous rendu, dimanche dernier, par lequel il y aurait eu effusion de sang dans le cimetière de Sacey par plusieurs violences en icelui et vu la commission à nous donnée par M. le vicaire général du diocèse, en date du 22ᵉ du présent mois et an, après la messe solennelle par nous célébrée nous avons réconcilié ledit cimetière avec la cérémonie accoutumée en présence de Jacques Herambourg, curé de Sacey ; Christophe Mochon, curé de Villiers ; Jacques Legoux et Toussaint Clérice, vicaires de ladite paroisse. »

14° Guillaume Férard paraît le 2 mars 1717 et meurt en août 1720, à l'âge de 47 ans.

15° Thomas sauvage, du diocèse, entré en fonction le 18 avril 1721, mourut en 1748.

16° René Anfray fut curé de 1748 à 1770. En 1750 Mgr de Missy, venant donner la confirmation à Sacey, fit en même temps la visite de l'église. Les prêtres étaient : René Anfray, curé ; Noël Guesdon et Jacques-François Ménard, vicaires ; François Morin, prêtre (chapelain du château). Il y avait trois calices, dont un en bon état, mais fort malpropre ; les ornements et le linge étaient mal tenus ; il y avait une belle croix en argent ; quant aux quatre petits autels, ceux de la Sainte-Vierge et de Saint-Gilles étaient en bon état, ceux de Saint-Eloi et de Saint-Georges en face furent interdits. Le prieur était décimateur. Nous nommons, dit l'évêque, à la cure depuis la réunion de la mense abbatiale de Marmoutiers à l'archevêché de Tours (1737). Le curé n'a que 300 livres ; les vicaires sont payés par le prieur. Nous avons enjoint au sieur curé de se comporter plus régulièrement et de ne point faire de mauvaises difficultés sur les affaires de son église, faute de quoi, nous lui ordonnerons de se retirer pour trois mois dans notre séminaire. Il faut boucher une ouverture qui vient dans le chœur de la maison du prieuré, à cause des accidents qui peuvent arriver. Le trésor a 115 livres, les fondations sont de 400 livres. En cette même année le bas côté de la nef fut détruit et les arcades remplies par une maçonnerie.

17° Jean-Baptiste Le Chevalier, de Saint-Aubin-de-Terregate paraît le 22 février 1770 et est inhumé le 29 décembre 1778, à l'âge de 53 ans.

18° Louis-Philippe Deshaies, de la paroisse d'Anger, vient à Sacey le 11 avril 1779 et est inhumé le 5 mars 1786, âgé de 66 ans.

19° Pierre Aubin Letréguillé, de Saint-Jean-de-la-Haize, passa du vicariat de Saint-Hilaire à la cure de Sacey, le 20 juillet 1786. Il refusa le serment à la constitution civile du clergé, resta à Sacey jusqu'en avril 1792; alors forcé de se retirer, il passa à Jersey et nous le voyons, en 1793, sur la liste des prêtres émigrés faite par MM. Suvigny. Nous le retrouverons à Sacey après la Révolution.

———

Alexandre-François Lemonnier, né à Beauchamps et vicaire de Champrepus, fut nommé curé constitutionnel de Sacey. Sa conduite modérée lui avait concilié une grande partie de la population, mais, dès le 28 février 1794, il était emprisonné au

Mont-Saint-Michel avec ses deux vicaires, sans
doute pour n'avoir pas livré ses lettres de prêtrise,
comme nous pouvons le conjecturer par la lettre
suivante que nous ne donnons pas comme modèle.

« Le citoyen Alexandre-François Lemonnier, curé
de Sacey, canton de Pontorson, toujours disposé à
faire des sacrifices pour le maintien de la Constitution, toujours disposé à répandre jusqu'à la dernière goutte de son sang pour maintenir les droits
sacrés de la République, qui nous sont un sûr garant de la liberté et de l'égalité, et ayant toujours
eu pour principe que nul individu ne doit exister
sous un gouvernement que pour se conformer aux
arrêtés du représentant du peuple Lecarpentier, en
mission dans le département de la Manche et autres
contigus, déclare suspendre l'exercice de ses fonc-
tions publiques jusqu'à ce que la Convention ou
autre assemblée législative, qui pourrait lui suc-
céder, en ait statué autrement et protégé le libre
exercice des cultes déjà décrétés. Quant à sa lettre
de prêtrise, les brigands échappés de la Vendée ne
se sont pas contentés de piller pour mille écus d'effets mobiliers, qui faisaient une partie de sa pro-
priété, mais encore ont brûlé tous ses papiers. Au
reste il désire donner les preuves de la conduite
qu'il a tenue depuis l'aurore de la République de son
dévouement pour la chose publique et de son atta-

chement pour sa patrie, et veut vivre en vrai républicain, mais chrétien et renouveler le serment qu'il en a fait.

« Présenté à la municipalité du Mont-Saint-Michel le 24 ventôse an II de la république une et indivisible (14 mars 1794).

« Lemonnier, curé de Sacey, avec paraphe. »

Son emprisonnement ne dut pas durer longtemps, comme pour ses autres confrères assermentés. Nous ne trouvons plus de trace de sa présence à Sacey. Rétracté plus tard, il fut curé de Beauchamps, où il est mort.

II. — VICAIRES DE SACEY
ET AUTRES PRÊTRES.

Nous ne donnerons pas la liste des vicaires et autres prêtres de Sacey, ce qui nous conduirait trop loin. Nous dirons seulement que, depuis le XVIe siècle et pendant une partie du XVIIe, le nombre des prêtres ne fut jamais moins d'une dizaine. Nous y voyons à peu près tous les noms des familles encore existantes.

Les vicaires nous semblent avoir été pris parmi eux, un peu au hasard, et sans beaucoup de fixité. Mais à la fin du XVIIe et pendant le XVIIIe, les prêtres deviennent plus rares et les vicaires nous offrent assez souvent des noms étrangers à la paroisse.

Au moment de la Révolution, les prêtres présents à Sacey étaient : MM. Pierre Aubin Letreguillé, curé, né à Saint-Jean-de-la-Haize ; Jean Menard, né à Saint-Martin-de-Montjoie, et Affichard, né à Saint-Gervais-d'Avranches, vicaires ; Nicolas Gloria, né aux Biards, chapelain du château et ancien vicaire.

Tous refusèrent le serment à la constitution civile du clergé. Le curé et les vicaires s'acheminèrent vers l'exil et nous les retrouvons dans la liste faite par MM. Savigny, de leurs confrères réunis à Jersey, en 1792 et 1793.

M. Gloria resta dans la paroisse, se cacha et exerça le Saint-Ministère, autant qu'il le put, jusqu'en 1796, époque de sa mort. En ajoutant le prieur dont nous avons déjà parlé, il n'y eut aucune défection parmi le clergé de Sacey.

Les vicaires de M. Lemonnier furent MM. Jacques Lechevalier, de Quettreville, et Pierre-Jean-Louis Samson, de Valognes, tous deux ordonnés par l'évêque constitutionnel. Leur sort fut le même que celui de leur curé.

Ayant le désir de nous arrêter, autant que possible à la Révolution, nous dirons seulement que M. Letreguillé fut de nouveau curé de Sacey, de janvier 1804 à janvier 1813, époque de sa mort. Il fut enterré dans le portail, où sa pierre tombale porte le nom de Letreguilly, mais il signait toujours Letreguillé.

Nous terminerons ce chapitre en parlant du revenu du curé. Le curé de Sacey et ses vicaires étaient payés par le prieur. En 1750, le curé recevait 300 livres. Plus tard, il arriva sans doute à Sacey ce que nous avons vu ailleurs pour plusieurs curés, sa portion congrue fut élevée à 500 livres : nous voyons, en effet, qu'en 1774, son traitement était porté à 1000 livres, mais à condition de payer ses vicaires : cela suppose 500 livres pour le curé et 250 pour chacun des vicaires.

CHAPITRE TROISIÈME

ÉGLISE DE SACEY

L'église de Sacey est en forme de croix latine assez régulière. Nous y trouvons à peu près tous les styles.

1° De l'ancienne église romane, il est resté à peu près les deux tiers du pignon occidental, dans le sens de sa largeur, et dans cette partie nous voyons une chose tout à fait curieuse : c'est ce qu'on a appelé le Zodiaque de Sacey. Cet ouvrage se trouve au dessus de la porte principale, sur une pierre en forme d'une moitié de cercle, et représentait, en demi-relief, autant qu'on peut le deviner, les douze signes du zodiaque. Malheureusement une niche creusée dans la partie centrale et remplie par une maçonnerie y a jeté beaucoup de confusion, et lui a fait perdre beaucoup de son intérêt.

2° Le second travail est le chœur qui nous offre le gothique simple et pur, dans ses quatre lancettes et sa voûte. Les piliers, qui soutiennent la tour, nous semblent du même temps. Cet ouvrage est regardé par tous comme l'œuvre des Malemains, et porte bien le cachet du XIII° et du XIV° siècles. Cette partie est asssez bien conservée.

3° Dans un troisième travail furent construites les chapelles du transept avec une bonne partie de la nef. Ce travail nous offre encore le gothique avec ses fenêtres sensiblement trifoliées. Si nous en croyons une tradition, la nef fut détruite par un incendie. Les chapelles existaient encore au commencement de ce siècle, mais menaçaient ruine. Celle du nord fut rebâtie en partie en 1820; celle du midi s'écroula en 1852. Il ne reste plus de ce travail que la fenêtre au nord du transept et pour la nef que la fenêtre, près de Saint-Gilles, avec le pan de mur qui l'entoure et ce pan de mur serait déjà tombé s'il n'était appuyé par la tour et le mur plus récent de la nef.

Nous attribuons cette partie aux de Couvran, à cause des armoiries de cette famille, qui ne s'expliquent dans le mur nouveau de la nef actuelle que comme provenant du mur antérieur.

4° Le quatrième travail nécessité par l'incendie dont nous venons de parler eut lieu en 1621, pour le nord et en 1627, pour le midi. Au nord on conserva la forme des fenêtres en les agrandissant, et au midi nous retrouvons encore dans les arcades la forme ogivale.

Mais à partir de 1750, où le bas côté fut détruit et les arcades remplies par une maçonnerie, tout est lamentablement moderne.

Le culte ayant cessé, en février 1794, l'église fut dépouillée de tous ses objets mobiliers, moins le maître-autel et la chaire. L'église servit aux réunions décadaires et la chaire, à la lecture des actes civils.

On rapporte que vers 1794 ou 1795 l'église fut sur le point d'être détruite. Les républicains craignant que les chouans, qui avaient déjà paru dans la contrée et pillé le presbytère, ne s'y établissent, résolurent d'y mettre le feu. Déjà on avait apporté un tas de fagots qu'on était sur le point d'enflammer, quand une voix fit entendre ces paroles : « qu'allons-nous faire? Nous allons du même coup incendier toute la bourgade, et renouveler les malheurs d'il y a bientôt deux siècles. » On s'arrêta et on se contenta de détruire la couverture de la nef et des chapelles, afin de mettre à découvert ceux qui auraient voulu s'y réfugier.

L'église resta en cet état jusqu'en 1803. Alors la municipalité, pour obtenir un curé, fut mise en de-

meure de mettre l'église et le presbytère dans un
état convenable. Les réparations, en dehors de la
couverture, montèrent à 327 fr. 12. Pour celle-ci,
on fit dans la paroisse une quête de glui et cette
couverture ne fut remplacée qu'en 1834. Ce qui faisait dire aux paroisses voisines en parlant de Sacey : le grand Sacey de paille.

———

Quant à la tour, la question ajournée en 1803 fut
reprise en 1804. Monsieur le préfet, disait le conseil
municipal, la commune, ayant éprouvé de grands
malheurs par la guerre civile, ne peut pourvoir à la
reconstruction de la tour, qui est estimée à
4.161 fr. 14; Elle espère toujours les 5.698 fr. 62
destinés pour cela par le prieur, et que l'état a
employé ailleurs. Sans cela, elle sera forcée de
vendre une partie de ses biens communaux, de
manière que la commune ne soit pas surchargée
d'impôts additionnels. Système qui a fait que Sacey
s'est trouvé dépouillé de ces biens que plusieurs
paroisses voisines ont conservés.

Enfin le dimanche 14 août 1808, la tour, d'après
un plan modifié, fut adjugée à 2.055 francs : c'est
ainsi que la tour actuelle s'élève au centre de l'é-
glise, solide sans lourdeur, avec son dôme mosco-
vite assez réussi.

CHAPITRE QUATRIÈME

CHAPELLES DE SACEY

Il est difficile de se faire une idée de la confusion qui règne dans les auteurs, par rapport aux chapelles de Sacey.

I. — CHAPELLE DE SAINT-GEORGES ET CHAPELLE DE SAINTE-CROIX

D'abord il nous semble que tous ont confondu ensemble ces deux chapelles, pourtant bien distinctes. Pour le montrer, nous citerons quelques actes du château et en tirerons quelques conclusions.

Premier extrait. — Le 18 février 1495 fut présent noble et puissant seigneur messire Gilles de Couvran, chevalier, seigneur de Sacey, lequel de sa bonne volonté ratifie la fondation d'une chapelle, en la maison dudit chevalier, en l'honneur et révérence de bénoiste Saint-Croix, de Notre-Dame de Pitié et de Monsieur Saint-François, selon la teneur, comme il est plus amplement dit dans la charte, signée du sceau même dudit chevalier et scellée de son sceau d'armes, mis et apposé le premier janvier.

Ces derniers mots nous font penser que le 1er janvier 1496, dans la copie suivante en papier, doit être 1495.

Deuxième extrait. — A tous ceux qui ces présentes lettres verront et oront, salut. Nous, Gilles de Couvran, seigneur de Sacey, Argouges, Boucey, Carnet, Montanel, Aucey, Vessey, Macey, maître d'hôtel ordinaire du roi, notre sire, capitaine général des rachats de la duché de Bretagne, et dame Marguerite de Beauvau, notre épouse, dame de Pressigny, en Anjou, du Chateignier, de Montrion, mus et incités en fervente dévotion voulant et désirant fonder une chapelle, en notre maison et château de Sacey, en l'honneur de Sainte-Croix, où fut crucifié Notre-Seigneur-Jésus-Christ, au jour du saint vendredi, de Notre-dame-de-Pitié, sa bénoiste et glorieuse mère, et glorieux confesseur Monsieur Saint-François, pour que en icelle il soit à tout jamais prié Dieu pour nous et nos amis, consanguins, enfants et autres vivants, et aussi pour nos ancêtres et autres défunts expectant et demandant la prière de l'Église, ainsi qu'ils en sont capables. Et suivant icelle dévotion, dédier et construire la dite chapelle, et m'oblige sur tous mes biens, meubles et héritages de fournir tous ornements et autres choses requises, pour faire dire et célébrer le divin service, à la réserve de deux cierges que sera tenu de quérir ledit chapelain, lesquels arderont pendant la messe ou service qui seront à dire, en ladite chapelle et en la chapelle Saint-Georges. Aussi qu'il fournira deux autres cierges, pesant chacun une demi livre, au seigneur et dame de Sacey, au jour de Notre-Dame-Chandeleur, et après qu'ils auront servi audit seigneur, l'office durant, le chapelain les pourra prendre pour son usage ; et, pour faire ledit service de cire, lui donne à prendre sur les mouches à miel, qui se trouvent aux dites paroisses de ma seigneurie. Je lui donne en outre 30 livres et deux pièces de terre en pré, et lui donne encore du bois à prendre en mes taillis. Je retiens pour moi et mes hoirs, seigneurs de Sacey, de faire la présentation, en cas de vacance par mort ou autrement. Ledit chapelain sera tenu et sujet dire et célébrer quatre messes chaque semaine. Le dimanche sera célébré du jour, le lundi des trépassés, le vendredi de la Croix, le samedi de Notre-Dame ; puis des messes basses aux jours de fêtes de Notre-Dame, Nativité, Annonciation, Purification, Conception, Assomption ; au jour Saint-François, aux deux jours de fêtes de la Sainte-Croix, et en jour de mon trépas seront quatre messes hautes ; et en outre, le jour Saint-Georges, par le curé, en ma chapelle Saint-Georges, en l'église paroissiale ; et, pour aider le chapelain, cinq clercs ou écoliers à simple tonsure seront choisis par moi et mes hoirs et chaque clerc recevra deux livres par an. Et, si ledit chapelain s'absente, il devra se faire remplacer par un prêtre accepté par nous. Je donne audit chapelain une pièce de terre entre la rivière de Diérge, le chemin qui va du Pont-au-Roi à l'église, et l'avenue du château allant à ladite église ; et promets faire bâtir dessus une maison accomplie, louante et fermante, à mes coûts et dépens ; laquelle sera entretenue par ledit chapelain ; et pourtant que ledit chapelain est de maintenant et sera le temps que moi et mes hoirs seront en délai de la faire édifier, et, qu'après l'édification d'icelle, ledit chapelain ne pourra être en sûreté d'entrer audit château, obstant les guerres ou autres causes raisonnables, je veux et ordonne qu'il dise, en ma chapelle Saint-Georges à l'église paroissiale, lesdites messes ou services, et que, à la fin de chaque messe, en commémoration de tous les fidèles trépassés, il dise, en bas, un *libera* sur la fosse de mes prédécesseurs, là inhumés, et les empêchements prédits cessant, dire, en la chapelle du château, lesdites messes, ainsi que par moi et par mes hoirs sera commandé au chapelain et successeurs.

J'ai signé la présente de mon signe manuel et de mon sceau d'armée, le 1er janvier 1496 (1495).

Troisième extrait. — Nobles et puissants seigneurs Thomas Guiton et Béatrix de Romilly, sa compagne et son épouse, seigneur et dame de Carnet, châtelains de Sacey, Le Plessis-Budes, Le Plessis-au-Noir, Launay, Couvran, Montaigu, Le Vignage et autres lieux, certifions à tous ceux qu'il appartiendra que voyant la délibération et louable volonté de M. Charles Leroi, prêtre et chapelain de nos chapelles Saint-Georges et Sainte-Croix, fondées par nos prédécesseurs, dans l'église et en notre château de Sacey, être de faire un voyage dans l'université de Paris et autres lieux, pour poursuivre l'étude des bonnes et saintes lettres, interrompues à raison des troubles.....

Ajoutons que, vers 1660, les huissiers, dans des assignations devant les plaids du château de Sacey, disaient : A la requête de Me Pierre Pontas, chapelain des chapelles Saint-Georges à l'église et Sainte-Croix au château.....

Mais de ce que ces chapelles ne faisaient qu'un même titre, avaient le même chapelain et appartenaient au château, on les réunissait souvent ensemble, dans le langage vulgaire, et c'est en ce sens qu'il faut prendre ces paroles du secrétariat de l'évêché, en 1685 : *Capella Sancti-Georgii et Sanctæ Crucis, in manerio vulgo de Sacey.*

De tout cela nous concluons : 1° que la chapelle Saint-Georges était à l'église, comme chapelle du seigneur, avant que celle de Sainte-Croix fût érigée ; 2° qu'elle continua d'être à l'église, et que certains offices se faisaient tantôt à la chapelle Saint-Georges à l'église, tantôt à la chapelle Sainte-Croix au château ; 3° que la sépulture des châtelains était dans la chapelle Saint-Georges, à l'église.

On a trouvé, il y a quelques années, près de la porte du midi de la nef, les restes d'une statue regardée comme celle d'un Malemains et comme provenant d'un tombeau. Cette statue se trouve à la mairie.

Quant à l'édification de cette chapelle, elle se trouve dans la partie civile de cette histoire.

Un savant (décédé) dans un sens contraire, partage en deux la chapelle du château et met une des moitiés sous le vocable de Sainte-Croix, au prieuré, et l'autre sous le vocable de Notre-Dame-de-Pitié, à Charruel.

Après la Révolution, la chapelle du château fut rendue au culte ; on y disait la messe de temps en temps, on y faisait des processions, surtout aux Rogations et le jour de l'Assomption. Mais le plafond étant tombé en 1853, elle fut abandonnée jusqu'en 1879. Alors M. le comte Guiton de la Villeberge, maire d'Antrain et propriétaire du château, la fit restaurer, orner de peintures et remplaça le tableau de l'autel, qui était une descente de Croix, par une autre qui représente Jésus en Croix.

Chapelains du Château

Nous ne voyons pas de chapelain avant le vœu de bâtir une chapelle au château, et les quatre messes dont parle Gilles de Couvran, nous semblent être celles fondées par Gilbert Malemains et devant être dites par les religieux. Quant au seigneur, pour ne pas être obligé d'aller si souvent à l'église, il résolut d'avoir une chapelle au château et un chapelain à sa disposition, tout en conservant la chapelle de l'église, qui ne cessa pas d'être le lieu de sépulture pour les châtelains.

Voici la liste des chapelains qui nous a paru la plus raisonnable. Les dates seront celles des moments où nous les avons rencontrés :

Jehan Videlou, 1521-1533.

Pasquer Pedron, 1551-1563.

Jean Legros, 1585, curé de Sacey.

Arthur Hinault, 1586.

Charles Leroi, 1594.

Gilles Valois, 1608-1614.

Brice Guinnebault, 1618-1621.

Nicolas Durosset, 1632-1657, curé de Montanel.

Pierre Pontas, 1657, curé de Sacey.

Guillaume Legallois, 1677, id.

Guillaume Renoult, 1688-1709, vicaire de Sacey.

Jacques Legoux, 1709-1710 id.

Jacques Hérambourg, 1710, curé de Sacey et de Saint-Sulpice de Fougères.

Pierre Gilliers, 1738-1744.

François Morin, 1748-1751.

Noël Guesdon, 1752-1774.

Nicolas Gloria, 1775-1791.

Ce fut le dernier chapelain, né aux Biards, insermenté, il resta à Sacey, jusqu'en 1796, époque de sa mort.

Le revenu du chapelain fut à l'origine de 30 livres; Foucault le porte à 50, en 1697; il était à la fin de 60 livres.

La pierre tombale de M. Jehan Videlou, premier chapelain, se trouve encore dans la chapelle Saint-Joseph, autrefois la chapelle Saint-Georges.

II. — CHAPELLE DE CHARRUEL

Il y avait à Charruel une chapelle Saint-Gilles qui existait encore dans le xviiie siècle. Outre cette chapelle, Charruel avait encore une chapelle ou autel Saint-Gilles à l'église. Il était en face de celui de la Sainte-Vierge, au haut de la nef, du côté du midi, où il est encore aujourd'hui. C'était devant cet autel que se trouvait le lieu de sépulture de la famille de Charruel. Nous voyons entre autres, en 1648, demoiselle Hélène de la Paluelle, dame du Mesnil et de Charruel, enterrée devant l'autel Saint-Gilles par le pénitencier d'Avranches, en présence de beaucoup de prêtres.

La chapelle Saint-Gilles était un bénéfice sans résidence obligée, qui eut un titulaire jusqu'à la Révolution. Le dernier fut Jean-François Laurent, de Saint-Pierre des Cresnais, nommé en 1783.

Nous avons vu aux archives de Saint-Lo dans la vente des biens ecclésiastiques en 1793 : pour le chapelain de Charruel : maison, cour, jardin et cinq vergées de terre, au village du Chemin.

On a aussi donné à Charruel une chapelle Saint-Eloi avec chapelain. Nous croyons qu'il y a confusion. Nous admettrions cependant une chapelle Saint-Eloi, à la Chasse-Eloy, qui semble avoir fait partie de Charruel. Des noms de champs pourraient insinuer l'existence d'une chapelle et le Saint transporté à l'église aurait pu être l'origine du nom de chapelle Saint-Eloi dans la partie nord du transept.

III. — CHAPELLE SAINT-THOMAS

Cette chapelle se trouve à 500 mètres, au nord, sur le chemin d'Aucey. Elle remplace une autre chapelle qui se trouvait plus loin dans le champ. Elle était abandonnée, en 1750, et en ruines. La nouvelle a été bâtie, vers le milieu du siècle et bénite le 31 juillet 1870.

Son origine n'est pas connue. Des savants, sans nous donner leurs raisons, la placent entre Charlemagne et Guillaume le Conquérant; d'autres ont pensé à Saint-Thomas Becket, à l'occasion de la pénitence de Henri II, à Avranches; d'autres la donne comme suite d'un vœu fait par Thomas Guiton, mari de Béatrix de Romilly, quand il fut attaqué par ses beaux-fils dans le bois de Corblay.

CHAPITRE V

---✶---

MATIÈRES DIVERSES

---✶---

CLOCHES DE SACEY

La première mention des cloches de Sacey est du 8 juin 1737. Nous voyons que la cloche majeure a été nommée Louise-Théodose-Jacqueline-Marie-Cécile par Messire Jacques de Fresny, écuyer, gendarme de la campagne de Haut et puissant seigneur Louis-Théodose Andrault, comte de Langeron, baron de Sacey, brigadier des armées du roi et par demoiselle Marie-Cécile de la Binolaic.

Le 17 août 1762, la grosse cloche de cette église a été bénite par nous, curé, et nommée par haut et puissant seigneur Louis-Théodose Andrault de

Langeron, seigneur de cette paroisse ; la 2e a été nommée Marie-Hippolyte par Messire Hippolyte Vivien, seigneur de Charruel, capitaine aide-major au régiment de cavalerie d'Artois, et par dame Marie Le Masson, épouse de Messire Charles-René Vivien, seigneur de la Champagne.

Vers 1805, à la suite d'une quête, on coula deux cloches près du pignon de la sacristie, mais, la grosse ayant été cassée, on les remplaça, en 1824, par trois autres : la première bénite, ainsi que les deux autres, par M. Doré, curé de Sacey, fut nommée Honorine-Jeanne-Joséphine par M. Honoré-Louis Sarazin, curé de Saint-Nicolas de Granville, assisté de dame Honorine Gautier, épouse de M. Charles Frain ; la deuxième, nommée Jeanne-Françoisse-Marie par M. Jean-Georges Doré, curé de Sacey, assisté de dame Jeanne Hallais, épouse de M. Lorin, maire de Sacey ; la troisième, nommée Jeanne-Caroline par M. Charles Duguéperroux, de Sacey, curé d'Yquelon et demoiselle Jeanne Duguéperoux, sa nièce.

Le 27 octobre 1869, trois nouvelles cloches furent bénites par Mgr Bravard évêque de Coutances. Les cloches, acquises au moyen d'une souscription, furent nommées : la première, par M. Thebault, curé de Sacey et M. Thebault-Ganier, de Mortain, son frère, assistés de Mme Dardenne et de Mlle

Guillard; la deuxième, par M. Legendre, vicaire de
de Saint-Lazare de Marseille, assisté de Mlle Marie
Trincot; la troisième, par M. Sarazin, président de
la fabrique, et M. Brault, vicaire, assistés de Mme
Menard et de Mlle Marie Enquehard.

Le poids de la 1re est de 1.520 kilog.
—   de la 2me   —   1.176   —
—   de la 3me   —   823   —

PRESBYTÈRE

Le presbytère remonte à quelques années avant
la Révolution. L'ancien était placé à l'endroit où
sont les caves, comme l'indiquent des enduits sur
les murs, et d'après la tradition qui nous dit que
de la cuisine on pouvait puiser de l'eau au puits. La
cure ayant depuis peu acquis la partie du jardin, où
il se trouve, on en profita pour y mettre le presbytère actuel et ne pas encombrer le jardin ancien
déjà trop petit, et donner au presbytère plus d'am-
pleur.

FABRIQUE

Avant la Révolution, les donations faites à la
Fabrique étaient en grand nombre, mais, comme
chacune en particulier était peu élevée, il s'en-

suivait que le total n'était pas considérable. En 1750, la partie appelée du trésor ou la part de la Fabrique était de 115 livres; la partie dite des prêtres ou la part des services religieux, était de 400 livres. Il en était de même des immeubles qui étaient nombreux, mais peu importants. Voici une liste des biens de la Fabrique vendus en 1793, tirée des archives de Saint-Lo.

1° Le Clos de l'église, tenant à la Dierge; 2° portion de pré, une vergée et demie; 3° les prés Falaise, une vergée; 4° le Caignon, deux vergées, sur le chemin de Rouffigny; 5° portion des Champs-Longs, une vergée, sur le chemin d'Antrain; 6° portion du Chesnot, trois quarts de vergée; 7° portion des Verges-Guillet, 2 vergées; 8° le Champ-Baron, 5 vergées, sur le chemin de Charruel au Gué-Ferrier; 9° portion du Clos-de-la-Ruette, 5 vergées, sur le chemin de Taillepied à Sacey; 10° portion du Champ-Martin, une demi vergée, sur le chemin de Taillepied; 11° Champ-des-Ormeaux, 4 vergées, midi et nord du chemin de Taillepied; 12° partie des prés Georges, une demi vergée; portion du Clos Roullaie, 2 vergées; 14° la Féraudière, 2 vergées.

Une coutume curieuse existait à Sacey avant la Révolution. Nous lisons, dans le rôle des rentes seigneuriales, cet article : Les héritiers de Jacques

Durosset, prêtre, Pierre et Etienne Durosset, et les héritiers de François Gilliers, doivent un chapeau de roses le jour du Saint-Sacrement, ou à défaut 60 sols.

Or, voici ce qui se passait : les susdits portaient au château une guirlande de roses, puis le seigneur, ou son représentant, la remettait au curé qui l'enroulait autour de la pomme de la croix, et la procession se mettait en marche.

Ce fut en 1830 que, par suite d'une ordonnance épiscopale, Sacey perdit, au spirituel, les douze villages dont nous avons parlé dans la partie civile de cette histoire. Avant cela, Sacey était la plus grande paroisse du canton. Tandis que Sacey avait 1.527 habitants, Pontorson n'en avait que 1.456.

———

Nous n'avons pas l'intention d'aller plus loin dans cette histoire. Nous laissons à des mains plus jeunes le soin de la corriger et de la compléter.

Nous nous arrêterons seulement, en finissant, à donner un simple aperçu de la mission de 1818. On sait qu'après la Révolution et l'Empire, l'Église, se sentant plus libre, reprit ses anciennes pratiques; de là ces missions faites dans les grands centres, et dont le récit semble presqu'invraisemblable à notre génération présente.

La mission de Sacey ne fut pas moins remarquable. L'ouverture en fut faite le cinq avril, deuxième dimanche après Pâques, par M. Lesplu-Dupré, vicaire-général, curé de Saint-Gervais d'Avranches. Elle fut prêchée par les prêtres des environs : du côté de la Bretagne, par MM. le curé d'Antrain et les recteurs (style breton) de Cogles, de Saint-Ouen-de-la-Rouairie, de la Fontenelle, de Sougeal; du côté de la Normandie, par MM. Charruel, curé de Saint-James, et les prêtres des paroisses voisines. Dès le premier jour la foule fut si grande, qu'après avoir rempli l'église et le cimetière, elle regorgeait encore dans toutes les rues de la bourgade. On fut obligé de prêcher à cinq endroits à la fois : dans l'église, à plusieurs endroits du cimetière et sur la place du marché.

Pendant toute la mission, on vit accourir de toutes les paroisses voisines de nouveaux fidèles toujours affamés de la parole de Dieu. Les prédicateurs produisaient facilement de ces émotions que nous ne connaissons plus : les larmes coulaient avec abondance, et les sanglots couvraient quelquefois la voix du prédicateur. On vit reparaître quelque fois la tête de mort dans les mains du prêtre en chaire. Les pasteurs voyaient paraître pour la première fois autour de la chaire sacrée, de ces hommes qui, pervertis par la Révolution, avaient juré haine à mort à la religion et aux prêtres, ou qui, privés des offices divins pendant longtemps, n'avaient pas encore repris le chemin de l'église. On fut obligé d'ériger dans les maisons voisines de l'église, des confessionnaux qui furent assiégés tout le jour, et une grande partie de la nuit, par une foule avide de se confesser. Enfin, les fruits en furent merveilleux.

La mission se termina le cinquième dimanche après Pâques, par la plantation d'un calvaire, au haut de la place du marché, à l'endroit où se trouve l'école des garçons.

Il aurait fallu entendre, de la bouche des vieillards, l'accent avec lequel ils prononçaient ce mot de la *grande* mission, pour comprendre l'impression que le seul souvenir produisait encore en eux.

Cette impression et ce souvenir, entretenus par le zèle constant de M. Doré, qui avait procuré cette mission à sa paroisse, avaient donné à Saccy une réputation à part, sous le rapport de la piété.

Pour moi, je n'en dirai ni bien ni mal : sa conduite à mon égard, pendant quinze années, me défendrait d'en dire du mal; les éloges que j'en ferais, seraient condamnés d'avance par le proverbe bien connu. Je dirai seulement que le souvenir de

Sacey est un des meilleurs parmi ceux qui viennent me visiter, dans cet humble et doux ermitage que je me suis bâti, pour abriter les derniers jours d'une vie qui s'éteint, et que je ne cesserai jamais de le recommander :

Deo et Gratiæ ipsius.

FIN DE LA DEUXIÈME PARTIE.

ÉPILOGUE

J'aurais pu grossir ce volume. J'aurais dû, m'en étant aperçu à temps, corriger certaines fautes, redresser certaines phrases boiteuses ; mais il aurait fallu tenir trop longtemps et reprendre trop souvent la plume, dont je puis dire, avec le cardinal Guibert : « Il n'y a point d'instrument plus lourd pour ma main que cet instrument léger. »

S'il se trouvait parmi mes lecteurs un de ces hommes qui aiment à rire des fautes d'un auteur, je lui dirais : *Licet rideas*. J'ajouterai même que je ne serais pas trop mécontent de procurer à quelqu'un un instant de plaisir et de lui faire oublier, pour un moment, les tristesses de l'heure présente.

APPENDICE

Sous le bénéfice de l'âge, je me permettrai de faire un rapprochement entre Sacey et le lieu de ma naissance et de mon habitation actuelle.

J'ai dit que Bertrand Duguesclin sortait par sa mère des seigneurs de Sacey, et j'avais omis de dire qu'il avait été pendant quelque temps gouverneur de la forteresse de Charruel, en Sacey.

On sait d'ailleurs qu'il était appelé seigneur de la Roche; mais ce qu'on sait moins, c'est que le seigneur de la Roche était par là même seigneur de Percy; de sorte que les annales de Percy, parmi les noms de ses seigneurs, portent, écrit en lettres d'or, le nom de Bertrand Duguesclin.

TABLE DES MATIÈRES

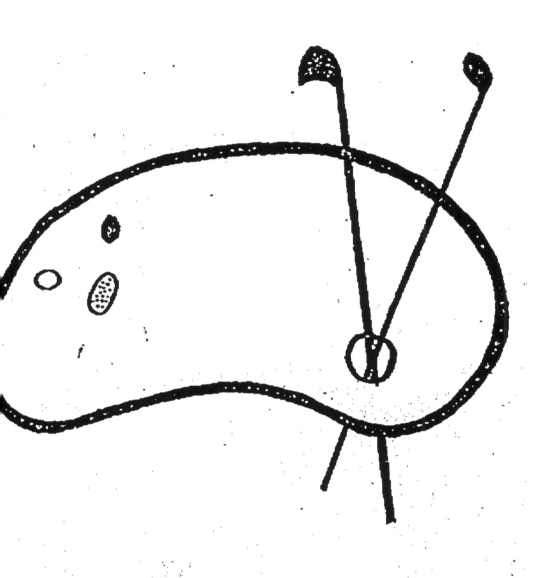

Imprimé en France
FROC021050020519
21049FR00008B/130/P

9 782012 552081